Le Succès :

D'après la méthode de Glenn Bland

Cet ouvrage a été publié en langue anglaise sous le titre original:
SUCCESS: THE GLENN BLAND METHOD
Published by Tyndale House Publishers

Dépôts légaux: 1er trimestre 1979
Bibliothèque nationale du Québec
Bibliothèque nationale du Canada

Conception graphique de la couverture:
PHILIPPE BOUVRY

Version française:
JOHANNE BÉLANGER

ISBN: 2-920000-06-3

DISTRIBUTION:

Pour le Canada:

Les Messageries ADP
955, rue Amherst
Montréal (Québec)
H2L 3K4
Tél.: (514) 523-1182

Pour la France:

Dilisco
122, rue Marcel Hartmann
94200 Ivry-sur-Seine
Paris (France)
Tél.: (1) 49 59 50 50

Pour la Belgique:

Vander, s.a.
321, avenue des Volontaires
B-1150 Bruxelles (Belgique)
Tél.: (32-2) 762-9804

Si vous désirez obtenir le catalogue de nos parutions,
il vous suffit de nous écrire à l'adresse suivante:
Les éditions Un monde différent ltée
3925, Grande-Allée
Saint-Hubert (Québec) Canada J4T 2V8
ou de composer le (514) 656-2660

le succès

Les éditions Un monde différent ltée
3925, Grande-Allée
Saint-Hubert (Québec) Canada
J4T 2V8

Je dédie ce livre à tous ceux qui ont eu une très grande influence sur ma vie:

Billie Snell — pour ses encouragements
Joe Schuhardt — qui s'intéresse à moi
Jack Crawley — qui m'a appris à réussir
Melvin Reimer — pour son enseignement
Colonel Robert B. Thieme, Jr. — qui m'a guidé vers la vérité
Charles Baker — qui a cru en moi
Et à tous mes collègues de Coaches Insurance Associates of America, qui croient en notre philosophie.

Préface

Lorsque j'ai rencontré Glenn Bland pour la première fois, c'était il y a cinq ans; il m'a exposé son plan, très ambitieux, qui visait à partir de rien, l'un des organismes de vente d'assurance-vie les plus populaires en Amérique. Il y a cinq ans, il ne s'agissait que d'un rêve, qui aujourd'hui est devenu réalité.

Autant que je sache, l'histoire phénoménale du succès de Glenn Bland et des Coaches Insurance Associates of America est absolument unique dans le domaine de l'assurance. Cette Compagnie réussit à vendre plus de polices que la plupart des autres Compagnies qui, elles, existent depuis plus d'un demi-siècle.

Comment expliquer la réussite de Bland? C'est parce qu'il comprend et applique les principes universels de la réussite dont pratiquement personne n'entend parler. Il sait comment établir des buts difficiles à atteindre et comment se préparer pour les atteindre. Son monde est un « monde d'action » — un endroit où il provoque des événements agréables dont peut profiter l'humanité toute entière.

Dans ce livre dynamique, vous allez avoir la chance de découvrir ces secrets menant à la réussite personnelle. Vous pouvez, vous aussi, réaliser tous vos rêves en appliquant ces méthodes dans la vie de tous les jours. Ce livre a été rédigé à partir de l'expérience personnelle d'un homme qui l'a vécue et qui sait de quoi il parle. Toute personne qui veut réellement réussir peut y arriver en suivant la méthode de Glenn Bland.

L'auteur croit que les gens se construisent et il a consacré une grande partie de sa vie à cette tâche. Il a écrit ce livre pour diriger hommes et femmes vers une vie heureuse et prospère et pour les aider à se délivrer des chaînes de l'incompétence et de la médiocrité, pour devenir les personnes épanouies que Dieu a voulu qu'elles soient.

Qui que vous soyez, quelle que soit votre vocation, ce livre vous aidera à vivre une vie meilleure à condition que vous le lisiez et que vous y croyiez!

Charles A. Baker
Vice-président
Lincoln American Life
Insurance Company

TABLE DES MATIÈRES

PREMIÈRE PARTIE:

Comment vivre une vie heureuse et réussie

1/Il y a un moyen

Si je traçais une ligne et vous annonçais que le fait de la franchir pouvait immédiatement changer votre vie et la rendre meilleure, la franchiriez-vous?

Sans aucun doute. Et si vous saviez que ce seul pas peut vous garantir paix intérieure, richesse, compréhension et bien-être physique, vous n'hésiteriez même pas l'instant d'une seconde.

Vous aurez la chance de franchir ce pas — menant à une vie remplie de bonheur et de succès — alors que vous lirez ce livre.

Franchissez cette ligne et vous verrez la différence. J'ai franchi cette ligne et j'ai trouvé une vie faite de bonheur et de réussite. J'ai partagé cette expérience avec mes amis, mes associés et d'autres que je connaissais à peine. Dans tous les cas où ces gens n'ont pas reculé, des résultats extraordinaires ont été obtenus.

J'ai vu des épaves humaines devenir des personnes bien. Des gens criblés de dettes devenir millionnaires. Des âmes perdues retrouver la sagesse. J'ai vu des gens affaiblis, sur les plans physique et moral, devenir des citoyens sains et productifs.

Ces miracles, je les ai vus et ils se reproduiront pour aider tous ceux qui suivront les principes énoncés dans ce livre.

Avant de franchir cette ligne, un jeune homme qui habitait Houston était en chômage, avait un ulcère à l'estomac et ployait sous le poids de ses obligations. Aujourd'hui, c'est le meilleur vendeur de la Compagnie pour laquelle il travaille.

A Lubbock, au Texas, un autre jeune homme était malheureux et obtenait de moins en moins de résultats au travail. Il a franchi la ligne et il est devenu l'un des hommes d'affaires les plus éminents de la ville.

A Memphis, dans le Tennessee, un homme avait échoué dans tout ce qu'il avait entrepris jusqu'au moment où il se décida à franchir la ligne et à adopter les principes donnés dans ce livre. Aujourd'hui, il est dans les affaires et sa réussite financière est réelle.

Le secret qui est à la base de cet enseignement vous sera présenté dans ce livre. Si ce livre devient la lumière qui vous dirigera vers la voie d'une vie faite de bonheur et de réussite, mes efforts n'auront pas été vains.

LA DÉCOUVERTE D'UNE VIE NOUVELLE

Je vais d'abord vous expliquer comment ce livre a pris forme. Des années de réflexion et d'étude, des mois, des semaines, des jours et des heures de planification ont précédé la mise au point de ce que j'appelle la Méthode de Bland sur la définition et la planification d'un but.

La mise au point de cette méthode n'a pas été une tâche facile. Elle a demandé une foi à toute épreuve, une persévérance acharnée et le courage d'agir, quels que soient les obstacles se présentant sans cesse.

Les principes de cette méthode ne sont pas uniques. C'est grâce à eux qu'il y a eu des rois, des empires et des fortunes colossales. D'un autre côté, ceux qui les ont appliqués n'ont jamais perdu leur sérénité.

Ayant moi-même découvert ce secret et l'ayant mis en oeuvre dans ma vie, je veux maintenant le partager avec le plus grand nombre de personnes possible.

Ma méthode de la définition et de la planification d'un but a vu le jour il y a plusieurs années, alors que j'ai commencé à prendre conscience de la réussite.

Mes rêves les plus chers impliquaient bonheur et réussite. Je recherchais la sagesse et la vérité qui pouvaient me mener à la réalisation de ces rêves.

J'ai fait un pas de géant vers la réussite alors que je flânais dans une librairie de l'aéroport international de San Antonio. Je fus attiré par un livre dont la couverture était bleue et jaune et qui portait un titre intéressant. Le livre? *Réfléchissez et devenez riche,* écrit par un auteur dont je n'avais jamais entendu parler et qui s'appelait Napoleon Hill.

Pour passer le temps en attendant le départ de mon avion, j'ai acheté ce livre et j'ai commencé à le feuilleter.

Pendant que je le lisais, quelque chose se passait en moi.

À ce moment-là, je faisais mon travail consciencieusement, mais uniquement parce qu'il s'agissait là de quelque chose que je devais faire et non pas que je voulais faire. J'allais à la dérive. Je n'avais pas vraiment de direction, de buts ou de plans.

Parce que j'allais à la dérive, ce sont les autres qui dictaient mes actions. Je n'avais pas compris le principe de base : « Ceux qui ont des buts et des plans imposent leur volonté aux autres, alors que ceux qui n'ont ni buts ni plans dépendent de la volonté des autres. »

Pendant ma lecture, ce principe énoncé par N. Hill devint de plus en plus important. Je me disais : « Il a trouvé la clé qui peut ouvrir la porte menant au bonheur et à la réussite que je veux. Voilà exactement ce que je recherchais ! » Je poursuivais ma lecture et étais de plus en plus d'accord avec les idées que Napoléon Hill défendait.

Sans même m'en rendre compte, je me retrouvais dans mon salon, à 200 milles de San Antonio, en train de lire les dernières pages de ce livre extraordinaire.

Je me souviens à peine de mon envolée entre San Antonio et Waco. Le temps avait passé à une vitesse incroyable, car ce soir-là, ma vie a changé. J'ai « pris conscience de la réussite » et un monde entièrement nouveau de sens et de chances s'ouvrait à moi.

Tous ceux qui réussissent, à un moment ou à un autre de leur vie, réalisent qu'un tel monde existe.

Cette « prise de conscience de la réussite » est le départ de toute réalisation. C'est le moment où vous vous rendez compte qu'il existe une façon heureuse de vivre. C'est à ce moment-là que vous savez tout à coup que vous pouvez changer votre vie pour une vie meilleure. Vous décidez de la changer et vous suivez vos désirs pour mieux les atteindre.

Lorsque vous « prenez conscience de la réussite » vous ressentez brusquement un besoin de sagesse et de vérité et vous commencez à rechercher tout ce que vous pouvez lire ou entendre en vue de satisfaire ce besoin.

J'ai lu de nombreux livres, j'ai passé d'innombrables heures à écouter des disques et des bandes dans un seul et unique but — programmer mon esprit pour l'orienter vers le bonheur et la réussite.

Alors que j'étudiais et acquérais une certaine sagesse, j'ai découvert une vérité. Cette vérité m'a frappé comme l'aurait fait la foudre:

« Les techniques et les méthodes changent, mais les principes ne changent jamais ! »

Je savais exactement, à ce moment-là, où trouver les renseignements que je recherchais. Les principes n'avaient pas changé; tout ce que vous et moi devons savoir sur le bonheur et la réussite se trouve sous le couvert d'un seul livre — la Sainte Bible.

Il n'y avait plus aucune raison de chercher plus avant car c'est dans la Bible que l'on trouve la sagesse distillée de tous les âges.

Les principes de la Bible, qui ont résisté à toutes les analyses, ont donné naissance à tous les autres livres, disques et bandes qui m'ont été si utiles.

Dans la Bible, vous trouverez les réponses à tous les problèmes et à toutes les opportunités qu'offre la vie. La Bible contient tous les principes que l'on trouve dans tous les autres livres traitant de réussite et de bonheur. La sagesse stimulante issue de Dieu ne manquera jamais. Alors que nous vieillissons, nous comprenons mieux et la sagesse de tous les âges nous est offerte de plus en plus. Notre compréhension n'est limitée que par notre volonté de respecter certains principes et de croître.

« Moi, la Sagesse, je ne donne que de bons conseils et bon sens. C'est grâce à ma force que les rois peuvent régner. J'indique aux juges : qui a tort, qui a raison. Les souverains dirigent avec mon aide. J'aime ceux qui m'aiment. Ceux qui me cherchent me trouveront. Les richesses, l'honneur, la justice et la vertu m'appartiennent à l'infini et je les distribue. Mes dons sont supérieurs à l'or le plus pur et à l'argent. Mes chemins sont ceux de la justice et du droit. Ceux qui m'aiment et me suivent possèdent les vraies richesses. C'est moi qui alimente leurs trésors. Dieu m'a créée avant de créer toute autre chose. J'existe depuis les temps les plus reculés. J'existais avant même la formation de notre terre. Je vivais avant même que ne se forment les océans, avant que les rivières ne descendent sur la terre, avant que ne s'élèvent montagnes et collines. Oui, je suis née bien avant que Dieu ne crée la terre et les champs et les hauts plateaux» (Proverbes 8:14-26).

Sans aucun doute, «les techniques et les méthodes changent, mais les principes ne changent jamais.» Ils sont éternels; ils ont toujours existé et existeront toujours. Les principes qui nous permettent d'obtenir bonheur et réussite aujourd'hui sont les mêmes qu'utilisait le roi Salomon pour amasser son immense fortune en 966 av. J.C.

Cette planète que nous appelons la Terre ne s'est pas faite du jour au lendemain. Elle a été créée par un Être infiniment intelligent, qui dépasse notre compréhension et ce Créateur a établi un certain nombre de lois naturelles visant à faire régner l'ordre. Si vous planifiez votre vie en fonction des limites de ces lois naturelles, vous obtiendrez le bonheur et la réussite. Si vous vivez en dehors de ces lois naturelles, vous ne connaîtrez jamais la paix intérieure, la prospérité, l'illumination, le bien-être physique que vous recherchez. C'est aussi étonnant et aussi simple que ça.

Vous pouvez ne pas respecter les lois de l'homme, mais il en existe de plus grandes, que l'on ne peut enfreindre. Le Créateur est à la source de toutes les lois naturelles menant au bonheur et à la réussite. Il désire partager cette sagesse avec chacun d'entre nous et a énoncé son plan immuable dans un livre inspiré; la Sainte Bible.

L'humanité fait face, aujourd'hui, à de graves problèmes, car les gens sont devenus tellement indépendants qu'ils en oublient l'existence de Dieu. Ils oublient qu'il y a une puissance omniprésente, supérieure à tout! Dieu a créé tout ce qui existe et il peut sûrement créer une chose relativement aussi peu importante que le bonheur et la réussite d'un homme, à la condition que cet homme suive les règles du jeu.

W.E. Gladstone a dit, «J'ai connu quatre-vingt-quinze des grands hommes de mon époque et parmi eux, quatre-vingt-sept croyaient en la parole de la Bible. La Bible porte le sceau d'une Spécialité d'Origine et une distance incroyable la sépare de toute concurrence.»

Napoléon Bonaparte a dit: «La Bible n'est pas un simple

livre, mais une Créature vivante disposant d'un pouvoir pouvant vaincre toute résistance. » Oui, « La Bible n'est pas un simple livre », car c'est du message qu'elle transporte et de tous les autres textes auxquels vous allez maintenant être exposé que surgira le secret du bonheur et de la réussite qui deviendra vite la réalité de votre vie. On ne vous demandera qu'une chose alors que tous ces principes vous seront dévoilés — croire!

IMPOSSIBLE N'EST PAS FRANÇAIS

L'histoire nous révèle qu'il y a toujours eu des individus qui ont passé leur vie dans un monde de négations où le mot « impossible » était le plus utilisé. Si des hommes extraordinaires, comme Thomas Edison, avaient écouté les soi-disant experts de leur époque, notre civilisation serait probablement en train de régresser et non pas de progresser.

Et en voici des preuves. Les déclarations suivantes proviennent de documents officiels, de journaux et de magazines très populaires à cette époque. Jugez un peu de ce que les « autorités » avaient à dire:

1840 — « Toute personne voyageant à une vitesse de 50 km/h mourra probablement étouffée. »

1878 — « L'éclairage électrique ne mérite pas d'être considéré avec sérieux. »

1901 — « Il est impossible de réunir en une seule machine pratique toutes les exigences permettant à l'homme de voler. »

1926 — (paroles d'un savant) « Cette idée stupide de vouloir aller sur la lune est fondamentalement irréalisable. »

1930 — (d'un autre savant) « Il est impossible de tirer parti de l'énergie que renferme la matière. »

Il y a toujours eu ceux qui déclaraient, « C'est impossible. » Et pourtant, même les experts peuvent se tromper. Mais ce qui est tragique, c'est que 99 pour cent des gens les ont crus.

Nous devons remercier les non conformistes, comme les frères Wright et Edison, qui ont rejeté les déclarations des soi-disant autorités.

Vous pouvez être sûr d'une chose — c'est que les personnes qui ont fait des déclarations comme celles qui sont citées plus haut n'ont pas compris l'une des lois naturelles fondamentales de l'univers: « Toutes les choses auxquelles vous pouvez penser et croire, vous pouvez les réaliser! »

L'esprit de l'homme peut concevoir pratiquement n'importe quoi, mais le fait d'y croire est une autre chose. Vous pouvez très bien concevoir l'idée de gagner un million de dollars l'an prochain, mais si au plus profond de votre cœur vous ne croyez pas sincèrement que vous y arriverez, votre rêve ne deviendra jamais réalité. Croire, c'est là qu'est le secret! C'est la condition fondamentale d'une vie faite de bonheur et de réussite.

Jésus a dit la même chose, de la façon suivante: « Croyez, car rien n'est impossible à celui qui croit. » Jésus n'a rien éliminé. Il a dit : « Rien n'est impossible. » Pourquoi Jésus aurait-il dit une chose pareille si cela n'était pas vrai? Il a compris les lois naturelles de l'univers — il savait que la « Loi de la conviction » est tout aussi inévitable que celle du jour qui suit obligatoirement la nuit. Il a utilisé le pouvoir de cette conviction pour guérir les malades, pour transformer l'eau en vin et il a déclaré qu'un homme qui poussait très loin ses convictions pouvait déplacer des montagnes.

La conviction est une force puissante et lorsqu'on l'utilise correctement, elle nous permet d'accomplir des choses incroyables. Le Créateur nous a donné le choix de vivre dans l'un des deux mondes: positif ou négatif. Un monde où vous pouvez réaliser les rêves de votre vie ou bien un monde où vous ne pouvez accomplir quoi que ce soit à cause d'un million de bonnes raisons qui vous en empêchent. Cessez de penser à toutes ces excuses et pensez plutôt aux raisons qui font que vous pouvez. Décidez dès maintenant d'appartenir à ce petit groupe très sélect des gens qui vivent dans un monde positif — parce qu'il est vraiment difficile de vivre autrement. Dites-vous bien « qu'impossible n'est pas français » et croyez!

L'ESSENCE DU CRÉATEUR

L'humanité a toujours été consciente de la force créatrice de Dieu dans notre univers. La preuve de cette force énorme se trouve tout autour de nous. On la retrouve dans la naissance d'un enfant, dans le mugissement de la vague de l'océan, dans la beauté sans égale d'une fleur, dans nos sentiments les plus intimes voués à l'enfant et dans la beauté magnifique d'un flocon de neige. La preuve nous entoure, mais elle est tellement banale qu'elle nous paraît naturelle.

Chacun de nous a l'occasion d'utiliser cette force créatrice dans la vie de tous les jours afin d'atteindre un but, mais peu nombreux sont ceux qui le font. Cette force créatrice nous a été donnée, gratuitement — elle ne coûte rien ; pour profiter de tout son pouvoir, il ne nous reste plus qu'à croire. En tant qu'êtres humains, imparfaits de nature, nous ne plaçons que peu de valeur sur les choses que nous ne payons pas. Nous faisons grand cas des maisons, autos, bateaux, télévisions et parallèlement, nous apprécions à peine les choses de la vie qui nous sont accordées gratuitement — nos corps, esprits, familles, amis, santé, amours et les lois naturelles de l'univers.

En fait, les choses matérielles auxquelles nous tenons le plus ne valent pas grand-chose et il est facile de les remplacer. Votre maison peut être détruite à la suite d'un incendie et vous pourrez la reconstruire. Un homme peut perdre sa fortune et la reconstituer plusieurs fois. Mais lorsque nous perdons les choses qui nous ont été données pour rien, nous les perdons à tout jamais.

L'énoncé « Les meilleures choses de la vie sont celles qui sont gratuites » est vrai. Elles sont là pour que nous les prenions. Ce sont elles qui font que nous pouvons être heureux. Pour tirer parti des lois naturelles de l'univers qui nous guideront vers une vie faite de joie et de réussite, nous devons absolument comprendre l'essence du Créateur, de Lui qui gouverne toute vie et toute création.

Souverain: Le Créateur dirige tout ce qui est.
Vertueux: Le Créateur ne peut se tromper; Il est parfait en tout.
Juste: Le Créateur connaît tout, tous les aspects de toutes les situations — il Lui est donc impossible d'être injuste.
Amour: Le Créateur dispense une parfaite affection — un amour transcendant l'amour et la compréhension de l'homme.
Éternel: Le Créateur a toujours existé, existe aujourd'hui et existera toujours — Il est éternel.

Omniscient: Le Créateur sait tout — toutes les idées viennent de son esprit infini.

Tout-puissant: Le Créateur a le pouvoir de faire toute chose — il est tout-puissant.

Omniprésent: Le Créateur est partout en même temps — il ne se trouve pas en un quelconque endroit éloigné. Il se trouve à vos côtés.

Immuable: Le Créateur ne change jamais — il est comme Il était hier et comme Il sera toujours.

Vrai: Le Créateur est vrai — il Lui est impossible de mentir.

Maintenant que vous comprenez l'essence de notre Créateur, il vous sera beaucoup plus facile de comprendre pourquoi vous pouvez appliquer les lois naturelles de l'univers dans votre vie de tous les jours et, ce faisant, de réaliser vos rêves les plus chers sans jamais douter du résultat. Le Créateur a énoncé les règles et si vous jouez en les respectant sincèrement, c'est-à-dire en *croyant,* vous serez merveilleusement récompensé!

Avant de passer au chapitre suivant et si cela n'est pas déjà fait, franchissez les deux étapes suivantes:

1. Persuadez-vous qu'il existe une façon de vivre différente de celle que vous connaissez actuellement, faite de bonheur et de réussite.
2. Acceptez le fait que Dieu est une force extraordinaire dans notre univers et qu'Il est plus sage et plus puissant que vous.

Vous n'avez rien d'autre à croire pour le moment. Mais les chapitres qui suivent vous aideront peu à peu à accepter de plus en plus les principes qui feront de votre vie, une vie heureuse et prospère.

LES POINTS À RETENIR

- Toutes les choses auxquelles vous pouvez penser et croire peuvent devenir réalité.
- Vous pouvez ne pas respecter les lois de l'homme, mais il est des lois plus grandes que vous ne pouvez enfreindre.
- Ceux qui ont des buts et des plans imposent leur volonté aux autres, alors que ceux qui n'ont ni buts ni plans dépendent de la volonté des autres.

- Les techniques et les méthodes changent, mais les principes ne changent jamais.
- Cessez de penser à toutes ces excuses de l'impossible et pensez plutôt aux raisons qui font que vous pouvez.
- Le Créateur est souverain, vertueux, juste, amour, éternel, omniscient, tout-puissant, omniprésent, immuable et vrai.

2/Le rêve de tout homme

Si l'on vous demandait de donner une définition de la *réussite,* quelle serait votre réponse? Il y a de fortes chances pour que vous n'y ayez jamais vraiment pensé.

Il y a probablement autant de définitions de la réussite qu'il y a de personnes sur cette terre. Prenons-en quelques-unes: si l'on demandait à un homme d'affaires de nous donner sa définition de la réussite, il répondrait probablement que pour lui, c'est gagner énormément d'argent.

L'entraîneur d'une équipe de football de collège peut décréter que pour lui, le summum de la réussite, c'est de gagner les championnats nationaux.

La réussite, pour un athlète professionnel, c'est peut-être de faire partie de la meilleure équipe.

Pour un vendeur, la réussite, c'est peut-être de faire le plus grand nombre de ventes au sein de sa Compagnie.

Pour une ménagère, c'est peut-être de jouer un rôle dans l'un des organismes bénévoles de sa région.

Pour un architecte, la réussite est peut-être de voir ses édifices s'élever dans le ciel d'une ville.

Le rêve de réussite d'un étudiant est peut-être ce moment où il reçoit son diplôme universitaire.

L'ouvrier d'usine pense peut-être avoir réussi lorsqu'il a donné huit bonnes heures de travail par jour à son employeur.

Pour un jeune avocat ambitieux, la réussite, c'est peut-être de devenir un jour président.

Le rêve d'un dentiste est peut-être de réussir à ouvrir plusieurs cliniques dans une ville.

Pour le comptable, la réussite, c'est peut-être d'avoir un édifice à bureaux.

Pour un prêtre, c'est peut-être d'aider quelqu'un dans le besoin.

La réussite est différente selon les personnes. Chacun d'entre nous peut avoir sa propre définition, mais rares sont ceux qui y ont vraiment réfléchi. La réussite, c'est bien plus que ce que les définitions citées plus haut impliquent. Elle est bien plus profonde et plus vaste et il faut en tenir compte au moment d'en établir une définition.

La réussite n'est pas qu'une question d'argent. Il s'agit là d'une vue à court terme, car une personne qui a de l'argent n'a pas forcément réussi. Al Capone était millionnaire et pourtant, il n'a pas réussi. Une personne qui prend sa retraite à l'âge de 40 ans après avoir profité de tout le monde pour atteindre le haut de l'échelle n'est pas une personne qui a réussi. On ne peut atteindre la réussite en trompant ceux qui nous entourent.

Si vous gagnez un million de dollars et, pendant ce temps-là vous perdez votre famille, votre maison et attrapez un ulcère à l'estomac, peut-on dire que vous ayez vraiment réussi?

Vous ne pouvez pas prétendre à la réussite si vous faites un million de dollars tout en mourant d'une crise cardiaque à l'âge de 43 ans, tout simplement parce que vous avez brûlé la chandelle par les deux bouts.

La réussite n'est pas non plus de vivre au milieu de la pauvreté et de la maladie, comme le suggèrent certains cultes anti-sociaux. Les lois naturelles sont plus puissantes que tous les souhaits et tous les caprices de l'homme. La vérité sera toujours la vérité, et jamais on ne pourra la changer.

Notre génération a connu les « hippies », qui ont fait parler d'eux à cause de leur « philosophie » de la passivité. Étant soumis aux lois naturelles comme nous le sommes tous, ces gens n'ont absolument aucun moyen de trouver le bonheur de cette façon. On ne peut pas dire non plus, logiquement, que ces personnes ont réussi tout simplement parce qu'elles font ce qu'elles veulent dans la vie. La véritable réussite évite les extrêmes! C'est un voyage. C'est un processus progressif. Elle se trouve dans un royaume de vie équilibrée. C'est à travers une vie équilibrée que l'on trouve le bonheur et la réussite. Notre Créateur a voulu que nous ayons tous une vie heureuse et remplie, menée en respectant les lois naturelles qu'Il a établies pour que nous puissons vivre en harmonie avec l'univers.

Si je devais choisir un mot pour définir notre Créateur, je choisirais « *équilibre* ». Pensez aux mouvements de ces milliards de corps célestes se déplaçant dans un espace infini. Chacun se trouve sous un contrôle aussi précis que le mécanisme d'une montre suisse. Pensez à l'équilibre régnant entre les mondes animal et végétal, chacun d'entre eux complétant l'autre, de sorte que les deux puissent survivre. Oui, notre Créateur a pensé à tout. Il connaît toutes les chances qui nous sont offertes et Il connaît nos problèmes. Il est omniscient !

Thomas Edison avait compris l'essence de notre Créateur lorsqu'il fit cette très profonde déclaration : « Les idées viennent de l'espace. » Il a planifié sa vie de façon à atteindre l'équilibre et à vivre dans les limites des lois naturelles de l'univers, lois que l'on ne peut ignorer sans en ressentir les contrecoups.

Alors qu'il était écolier, Edison a été renvoyé chez lui avec un mot de son instituteur qui disait qu'il était incapable d'apprendre, qu'il ne pouvait pas penser, qu'il était stupide. C'est cet écolier qui est devenu l'un des plus grands inventeurs du monde. Edison a accepté, totalement, le fait qu'il existait une puissance qui lui était supérieure et il a appris à travailler en complète harmonie avec cette puissance.

Les grands hommes mènent une vie équilibrée et dont le sens est la croyance. William B. Walton, président des Holiday Inns, a déclaré lors d'une réunion des Optimists International au Tennessee :

« Dans la vie, il y a quatre amours importants :

1. L'amour de Dieu — C'est cet amour qui donne la substance et le sens à votre vie. Ce grand amour permet à un homme de pouvoir vivre avec lui-même. C'est le plus grand de ces quatre amours. Vous devez vous en remettre totalement à cet amour.
2. L'amour de la famille — C'est l'amour dédié au conjoint, aux enfants et à tous les membres de la famille. Cet amour doit être grand afin d'éviter tous les problèmes que

connaissent les familles de la société moderne. Il faut s'y donner entièrement et l'on en retire de très grandes satisfactions.

3. L'amour de sa patrie — On n'hérite pas d'un merveilleux pays comme le nôtre. Il nous est légué, de génération en génération, mais chacune des générations doit gagner le droit de le garder. On doit aimer son pays d'un amour fervent si l'on veut être heureux et récolter les fruits qu'il nous offre généreusement. L'amour de sa patrie doit être grand et total.

4. L'amour du travail — Cela doit être un grand amour, car c'est le travail qui fournit les moyens de subsistance qui nous permettent de vivre. Pour y parvenir, il faut opter pour un travail que l'on aime et qui donne satisfaction. En acceptant totalement cet amour, on se garantit notre part de prospérité. »

Il n'est pas difficile de déceler les fils de l'équilibre, de la croyance et de la direction qui·forment le tissage des quatre amours de la vie présentés par W.B. Walton. Lors de son discours, il insistait constamment sur l'importance de l'attitude qui doit être « la petite clé d'or que l'on doit placer dans la serrure de la vie. » Les quatre grands amours de la vie sont tout simplement les attitudes que l'on doit adopter dans la vie. Son discours est bien le reflet des pensées d'un homme qui connaît la véritable définition de la réussite.

L'entraîneur Vince Lombardi n'a jamais cessé de répéter aux membres de son équipe: « Il n'y a que trois choses qui sont importantes dans la vie!

Votre Dieu
votre famille,
et les Packers de Green Bay. »

Là encore, on distingue très bien les fils de l'équilibre, de la croyance et de la direction qui forment le tissage de la pensée de cet homme. Toutes les définitions de la réussite doivent inclure ces fils, sinon elles sont incomplètes.

La réussite consiste en trois choses et vous devez les admettre si vous voulez atteindre à une véritable compréhension :

1. Direction — Ne voir que les choses qui en valent la peine

dans la vie et établir un plan pour ne jamais cesser de les atteindre.

2. Équilibre — Toujours se trouver dans la perspective exacte en ce qui concerne tous les aspects de notre vie. Rester en harmonie avec les lois naturelles qui permettent un équilibre parfait. Un équilibre total, en tout, entraîne le bonheur.

3. Croyance — Celui qui ne croit pas ne peut réussir. Plus grande est sa conviction, plus grande sera sa réussite. Les hommes qui réussissent sont des croyants!

Ces trois impératifs représentant les fondations, nous allons maintenant établir notre propre définition de la réussite. Cela nous permettra de communiquer sans malentendu possible alors que nous continuerons à parcourir ce livre.

Lorsque nous parlons de réussite, voilà ce qu'il faut entendre. Retenez bien ces quelques mots. Portez-les comme un flambeau tout au long de votre vie. « La réussite, c'est la réalisation progressive de buts valables, prédéterminés, stabilisés par l'équilibre et purifiés par la croyance. »

Très peu de gens comprennent vraiment ce qu'est la réussite. Maintenant que vous, vous le comprenez — appliquez-en les principes à votre vie!

LE PLAN DE RÉUSSITE DYNAMIQUE DE BLAND

1. *Laissez-vous guider par Dieu* — Laissez le grand esprit créatif et universel de Dieu vous indiquer la direction — ayez la foi!
2. *Fixez-vous une période de foi* — Accordez-vous, tous les matins, trente précieuses minutes au cours desquelles vous méditerez et planifierez.
3. *Cristallisez vos buts* — Décidez des buts bien spécifiques que vous désirez atteindre et mettez-les bien en évidence, devant vous, tous les jours.
4. *Établissez un plan d'action* — Préparez un plan sur lequel sont inscrits vos buts et les dates auxquelles ces buts doivent être atteints.

5. *Apprenez à désirer plus que tout* — Le désir de ce que vous voulez vous motivera à agir.
6. *Croyez en vous* — Vous pouvez réussir n'importe quoi si vous y croyez. Vous disposez de talents et d'habiletés donnés par Dieu — profitez-en!
7. *N'abandonnez jamais* — La réussite ne peut décevoir une volonté qui se maintient en dépit des pressions contraires. La réussite va droit aux personnes persistantes!

Ce plan peut vous amener à modifier totalement votre façon de vivre, mais souvenez-vous d'une chose : les personnes qui réussissent font des choses que les ratés n'imaginent même pas !

Arrêtez-vous! Relisez trois fois les paragraphes suivants. Faites-le lentement et attentivement.

1. La définition de la véritable réussite.
2. Le plan de réussite dynamique de Bland.

L'heure que vous allez y passer n'a pas de prix. Lorsque vous aurez accepté ces principes, vous aurez franchi un autre pas énorme sur la voie de la réussite d'une vie heureuse et prospère.

LES POINTS À RETENIR

- On ne peut atteindre la réussite en trompant ceux qui nous entourent.
- Les lois naturelles sont plus puissantes que tous les souhaits et tous les caprices de l'homme.
- La vérité sera toujours la vérité et jamais on ne pourra la changer.
- La véritable réussite évite les extrêmes!
- Notre Créateur a pensé à tout.
- Les grands hommes mènent une vie équilibrée dont le sens est la croyance.
- La réussite, c'est la réalisation progressive de buts valables, prédéterminés, stabilisés par l'équilibre et purifiés par la croyance!

3/Érigez votre complexe de la réussite

Que vous pesiez 65 ou 135 kilos, vous avez une chose en commun avec tous les autres adultes et c'est une masse absolument fantastique d'environ 3 kilos. Protégée avec soin par le crâne, il s'agit de l'ordinateur le plus compliqué et le plus étonnant qui soit. C'est votre cerveau ! Vous êtes propriétaire de cet ordinateur absolument unique, il est sous clé, personne ne peut vous le prendre. Il peut vous apporter bonheur et réussite dans des proportions absolument incroyables.

Ce centre de traitement des données extraordinaire, que vous transportez partout où vous allez, est le dernier des grands continents inexplorés de notre terre. Les richesses, que l'on y trouvera au moment de sa découverte, sont incomparables.

Ce merveilleux ordinateur a été conçu et créé par l'intelligence infinie de Dieu. Il peut traiter les données emmagasinées dans la banque mondiale des mémoires, laquelle contient toutes les informations — du passé, du présent et de l'éternité. Votre cerveau peut concevoir toutes les idées dont vous pouvez avoir besoin.

Si l'on devait inventer un ordinateur mécanique disposant du potentiel illimité de l'esprit humain, les coûts d'exploitation en seraient si élevés, qu'il serait pratiquement impossible de l'utiliser. Cela peut vous donner une idée du cerveau humain, qui, en dépit de son potentiel, n'est utilisé par la plupart d'entre nous qu'à 10 pour cent. Nous occupons notre cerveau à des choses sans importance au lieu de le consacrer à des réalisations importantes et grandioses pour lesquelles il a été conçu.

L'industrie engage des gens que l'on appelle des programmeurs ; leur tâche est de planifier et de trier l'information mise en mémoire dans les ordinateurs. L'ordinateur ne peut ensuite donner que des réponses basées sur l'information fournie par le programmeur. Si le programmeur a bien fait son travail, l'information reçue sera valable et utile; si le programmeur a mal préparé son programme, l'information qui sortira de l'ordinateur sera négative et inutile. Le cerveau humain n'est pas différent ! Votre cerveau est l'ordinateur et vous en êtes le programmeur. Si vous entrez des données positives, il en sortira une information positive et valable. Si vous entrez des données négatives, les résultats seront négatifs et ne pourront que vous mener à l'échec.

Vous êtes la somme totale de toutes vos pensées. Si vous pensez en termes négatifs, vous n'obtiendrez que des résultats négatifs, mais si vous pensez en termes positifs, vous obtiendrez des résultats positifs.

Les sages et les philosophes de tous les temps ont eu des points de vue différents sur bien des sujets, mais il en est un sur lequel tous étaient d'accord: « *Nous sommes le résultat de nos pensées!* »

Emerson a dit: « L'homme est ce à quoi il pense à longueur de jour. »

L'empereur romain Marc-Aurèle l'a dit autrement: « La vie d'un homme est telle que ses pensées la font. »

William James a dit: « La plus grande découverte de ma génération est que les êtres humains peuvent modifier leur vie en modifiant leur état d'esprit. »

Dans la Bible, nous trouvons: « Ce qu'un homme pense au plus profond de son cœur, c'est ce qu'il est. »

Votre cerveau vous guide et vous devez vivre des fruits de vos pensées. Étant donné que « nous sommes le résultat de nos pensées », il est important de considérer avec soin notre façon de penser. Et c'est là l'une des lois naturelles de l'univers des plus importantes. Cette loi est une arme à double tranchant — une loi qui peut mener l'homme à une vie faite de paix intérieure, richesse, illumination et bien-être physique et une loi qui peut le mener dans les méandres de la misère et de la pauvreté physique et morale.

La façon dont cette loi agit envers vous dépend de l'utilisation que vous en faites — en bien ou en mal — le choix vous appartient. N'oubliez jamais que vous vivez dans un monde de cause à effet — à chacune des actions correspond une réaction. Ou, comme le dit la Bible, « On récolte ce qu'on a semé. »

Les gens et les choses réagissent et se comportent envers nous conformément au schème de nos pensées.

La plupart d'entre nous essaient de changer les autres. Pour atteindre nos buts, nous n'avons pas besoin de changer les autres, nous n'avons qu'à nous changer nous-mêmes. Les autres changent alors que nous changeons notre façon de les voir.

Il n'est pas facile d'adopter la bonne façon de penser, car cela suppose l'acquisition de nouvelles habitudes qui peuvent prendre des jours, des semaines, des mois et parfois des années avant de faire partie intégrante de notre vie. Les nouvelles habitudes sont difficiles à prendre, surtout lorsqu'elles doivent prendre la place de mauvaises habitudes, bien enracinées. Il ne s'agit pas d'une tâche aisée, mais cela est possible. Si vous recherchez le bonheur et la réussite, vous devez adopter de bonnes habitudes, car alors qu'au début, c'est vous qui contrôlez vos habitudes, à la fin, ce sont vos habitudes qui vous contrôlent. Chacun de nous a ses mauvaises habitudes et ses pensées négatives qui le retiennent et l'empêchent de devenir la personne dynamique qu'il devrait être.

Comment ces mauvaises habitudes et ces pensées négatives prennent-elles naissance? La plupart proviennent de l'enfance. Je me souviens des membres de ma famille qui affirmaient bien haut: « Il n'y a jamais eu de Bland qui a fait fortune et il n'y en aura jamais. » Je l'ai cru pendant des années, car mon esprit avait été programmé pour accepter le fait que moi, un Bland, je ne pouvais pas devenir riche. Le négativisme de ceux qui vous entourent peut finir par vous influencer. En société, cela se produit lorsque nous nous conformons aux autres plutôt que de nous distinguer pour devenir un leader. La plupart de la littérature bon marché que l'on trouve sur les étagères des librairies vous programme pour l'échec. La plupart des loisirs mis à notre disposition aujourd'hui ont un effet négatif sur notre façon de penser.

Je pourrais vous donner une liste, sans fin, des raisons qui font qu'une personne vit dans un monde négatif, mais j'aime mieux vous faire part du processus par lequel vous allez vous débarrasser de ce tissu d'échecs porté dans une vie de négation et le remplacer par un merveilleux habit tout neuf appelé *doctrine de la réussite.*

Comment pouvez-vous vous procurer ce nouvel habit? La première étape de cette doctrine de la réussite est de prendre la décision d'être heureux, de réussir et d'acquérir une grande sagesse. Si, comme la plupart des gens de ce monde, vous avez été programmé dès l'enfance en vue de l'échec, il faut reprogrammer votre esprit de sorte que vous puissiez réellement détenir la clé du bonheur — la sagesse éternelle! Cette sagesse ne s'acquiert pas du jour au lendemain — vos pensées négatives ne vont pas subitement s'envoler. Il faut un certain temps pour remplacer le négativisme par le positivisme. Il s'agit d'un processus progressif qui peut prendre de un à trois ans, selon votre capacité.

Lorsque vous commencerez à vivre de cette nouvelle façon, il vous arrivera, mentalement, de retomber dans votre ancien monde de négation, mais vous aurez la force de vous remettre sur la bonne voie lorsque vous vous en apercevrez. Au fur et à mesure que votre sagesse et votre connaissance se développeront, vos écarts dans le monde négatif se feront de plus en plus rares, jusqu'à ce qu'ils disparaissent totalement de votre vie heureuse et réussie.

Maintenant que nous savons que les pensées disposent d'une puissance qui leur est propre, que les pensées se concrétisent et qu'en programmant notre esprit de façon positive, on peut devenir une personne positive, je vais vous expliquer comment ériger le complexe de la réussite de votre vie.

LE COMPLEXE DE LA RÉUSSITE

Étape 6 Maîtrise des détails de la vie

Étape 5 Capacité d'aimer

Étape 4 Attitude mentale détendue

Étape 3 Bonheur intérieur

Étape 2 Obsession de la réussite

Étape 1 Doctrine de la réussite (sagesse)

Étape 1: Imaginons que vous soyez un maçon et que l'on vous ait demandé de construire un immeuble de 6 étages. Vous choisissez les charpentes les plus solides et les matériaux les plus résistants pour les fondations. Sans de bonnes fondations, la structure ne tiendrait pas ; elle s'effriterait et s'écroulerait. Le poids total des cinq autres étages repose sur ces fondations.

C'est sur les fondations solides de la doctrine de la réussite (sagesse) que toutes les choses valables de la vie reposent. La doctrine de la réussite vous stabilise et vous supporte dans vos plus grandes réalisations et dans les moments les plus adverses. Chacun de nous bénéficiera des bienfaits de la fortune à plusieurs reprises, mais nous devons savoir qu'au cours d'une vie, plusieurs revers nous attendent. Sans cette doctrine de la réussite, vous pouvez facilement vous retrouver en dehors de la bonne voie, vous dirigeant droit vers des échecs répétés.

La doctrine de la réussite est une fondation résistante sur laquelle vous devriez bâtir votre avenir. La Bible dit: « La sagesse donne: une vie longue et remplie — richesse — honneurs — plaisirs — paix » (Proverbes 3:16-17). « Celui qui aime la sagesse aime son meilleur intérêt et réussira. » (Proverbes 19:8).

Vous acquérez la sagesse en devenant un étudiant. Vous lisez, vous étudiez, vous écoutez et tout cela, vous devez le faire tous les jours, de façon planifiée et organisée. Vous allez avoir une liste de livres à lire et à étudier. Ces livres ont été choisis en vue de vous donner la source de la doctrine de la réussite. Cette dernière doit devenir partie intégrante de votre vie — vous devez manger, dormir et boire cette doctrine de la réussite — elle est bonne pour votre âme. « Moi, la sagesse, rendrai les heures de votre vie plus profitables et les années de votre vie plus rentables » (Proverbes 9:11). *Croyez* et ces promesses sont à votre disposition; saisissez-les!

Étape 2: Vous aurez l'obsession de la réussite lorsque la doctrine de la réussite se trouvera au premier plan, dans votre esprit. Vous vous comprendrez vous-même et à ce moment-là, vous serez en mesure de comprendre les autres. Les autres viendront à vous, car vous comprendrez pleinement les lois naturelles de l'univers et vous serez en possession des réponses exactes. Vous vous apercevrez que « vous avez le tour » avec les gens et que vous pouvez provoquer des événements extraordinaires en affaires. Votre vie familiale s'améliorera, votre vie professionnelle s'améliorera, votre vie spirituelle s'améliorera. Le monde sera vraiment vôtre, car vous aurez acquis la sagesse — la sagesse éternelle — vous serez un croyant.

Étape 3: Tous les gens du monde semblent rechercher le bonheur intérieur. Vous pouvez trouver ce bonheur intérieur dès que vous comprenez la doctrine de la réussite et devenez conscient de cette dernière. Lorsque vous comprendrez complètement le Créateur et les lois naturelles, votre vie sera en harmonie avec le monde qui vous entoure. Cela engendrera paix intérieure et bonheur qui brilleront comme la flamme d'une chandelle placée devant une fenêtre par une nuit noire. Le bonheur intérieur vous appartient, accompagné des grâces qu'il procure — *croyez!*

Étape 4: Lorsque vous avez placé la doctrine de la réussite à l'avant de votre esprit, lorsque vous prenez conscience de la réussite, lorsque vous possédez la paix intérieure, votre attitude d'esprit se détendra. Vous pourrez alors faire face à toutes les situations sans être frustré ou angoissé. Rien ne pourra vous ébranler car vous serez moralement détendu. Vous serez en mesure de tout contrôler.

Si vous travaillez comme vendeur, le fait que votre rendez-vous le plus important n'ait pas été tenu ne vous découragera pas. Si vous êtes un homme ou une femme d'affaires, les tensions journalières ne vous accableront pas. Si vous êtes épouse et mère, vous ne perdrez pas patience à cause des ennuis de la maison. Si vous êtes un sportif, vous garderez votre calme au cœur des compétitions, qui énerveront les autres. Oui, vous serez en mesure de contrôler toutes les situations, car votre esprit sera détendu.

La Bible dit: «Une attitude détendue illumine la vie de l'homme» (Proverbes 14:30). La croyance entraîne un esprit calme!

Étape 5: La prochaine étape importante de la construction du complexe de la réussite est celle de l'acquisition de la capacité d'aimer. Ne pas confondre cette capacité avec l'amour égoïste et humaniste, si courant dans notre société actuelle. Si nous avions tous la capacité d'aimer les autres sur la base des principes de la doctrine de la réussite, le racisme, les guerres, la police n'auraient plus de raison d'être et chaque être humain serait respecté pour ce qu'il est.

Il s'agit d'un amour réel, total et désintéressé, celui dont l'apôtre Paul parle dans les chapitres 13 et 14 aux Corinthiens: « Si je pouvais parler d'autres langues sans avoir à les apprendre, si je pouvais parler toutes les langues de la terre et du ciel sans aimer les autres, je ne ferais qu'émettre des sons. Si j'étais un prophète et si je savais tout ce qui va se produire, si je savais tout sans aimer les autres, à quoi cela servirait-il? Même si j'avais la foi qui me permettrait de parler à la montagne pour la déplacer, cela ne servirait à rien si je n'avais pas l'amour. Si je donnais tous mes biens aux pauvres et si l'on me brûlait vif pour avoir prêché les évangiles, cela ne servirait à rien si je n'aimais pas mon prochain.

« L'amour est patient et doux, jamais jaloux ni envieux, jamais vantard ni fier, jamais hautain ni égoïste ou grossier. L'amour n'exige rien. Il n'est ni irritable ni susceptible. Il ignore la rancune et ne remarque pas les erreurs des autres. L'amour ne se réjouit pas de l'injustice mais se réjouit lorsque la vérité triomphe. Lorsque vous aimez quelqu'un, vous êtes loyal envers lui, quelqu'en soit le prix. Toujours, vous croyez en lui, vous attendez le meilleur de lui-même et êtes prêt à le défendre.

« Tous les dons et les pouvoirs spécialement accordés par Dieu connaissent une fin, mais l'amour est éternel.

« Trois choses sont éternelles — la foi, l'espérance et l'amour — et des trois, l'amour est le plus fort. »

Même un homme aussi sage que l'apôtre Paul admet que sans cette capacité d'aimer, plus rien n'a de sens. La doctrine de la réussite vous permettra d'avoir un sentiment plus profond et plus compréhensif pour votre famille et votre prochain — croyez!

Étape 6: Le pinacle du complexe de la réussite est occupé par la maîtrise des détails de la vie, faculté qui revient à tous ceux qui possèdent le complexe de la réussite. La plupart des gens n'arrivent pas à faire face aux épreuves et aux tribulations quotidiennes ; mais ceux qui ont adopté la doctrine de la réussite savent comment s'organiser pour atteindre leurs buts, réaliser leurs plans, établir des priorités et traiter toutes les situations. Les petits détails déconcertent la plupart des gens, mais l'individu qui a adopté la doctrine de la réussite les prend comme des défis à relever. Il apprend à résoudre les problèmes qui sont à sa portée et à vivre avec ceux qu'il ne peut résoudre sans que cela détruise sa tranquillité d'esprit. Celui qui croit est maître de tout.

Maintenant que vous connaissez la structure du complexe de la réussite, j'espère que vous allez commencer à l'appliquer dans votre vie de tous les jours. Les résultats en seront extraordinaires.

La majorité des gens veulent réussir, avoir la paix intérieure, faire preuve d'un état d'esprit détendu, avoir la capacité d'aimer et pouvoir maîtriser les détails de la vie. Mais peu sont prêts à payer le prix de la doctrine de la réussite. Ils veulent bien manger la crème du gâteau sans se donner la peine de le préparer et de le faire cuire. Les bonnes choses de la vie ne peuvent vous appartenir à moins que vous n'acceptiez d'en payer le prix. Ce prix, c'est la doctrine de la réussite. Il faut absolument *croire* que l'on n'a rien pour rien.

Avant de passer au chapitre suivant, faites des principes ci-dessous les vôtres:

1. Vous êtes le résultat de vos pensées!
2. Vous pouvez concevoir toutes les idées dont vous avez besoin.
3. Vous pouvez changer les autres simplement en vous changeant vous-même.
4. Vous pouvez penser en termes de réussite — obtenir le bonheur intérieur — faire preuve d'une attitude morale détendue — avoir la capacité d'aimer — et maîtriser les détails de la vie — en adoptant la doctrine de la réussite (sagesse).

Lorsque vous aurez accepté ces principes, vous aurez franchi un autre pas énorme sur la voie de la réussite, d'une vie heureuse et prospère.

LES POINTS À RETENIR

- Nous sommes le résultat de nos pensées.
- Les gens et les choses réagissent et se comportent envers nous conformément au schème de nos pensées.
- Au début, c'est vous qui contrôlez vos habitudes, mais à la fin, ce sont vos habitudes qui vous contrôlent.

- La doctrine de la réussite vous stabilise et vous supporte dans vos plus grandes réalisations et dans les moments les plus adverses.
- Les bonnes choses de la vie ne peuvent vous appartenir à moins que vous n'acceptiez d'en payer le prix.
- Il faut absolument *croire* que l'on n'a rien pour rien.

4/Il vous faut un plan de la réussite

Imaginez que vous soyez un architecte de renommée mondiale et que vous veniez d'obtenir un contrat pour la surveillance des travaux de construction de l'édifice le plus haut et le plus beau du monde.

Votre première tâche serait d'évaluer la qualité et la quantité des matériaux requis pour cette merveilleuse structure.

L'étape suivante serait de demander aux entrepreneurs d'embaucher des ouvriers qualifiés — des terrassiers, des menuisiers, des poseurs de briques, des plombiers et des électriciens et tous ceux requis pour terminer un immeuble de cette envergure.

Supposons que vous vous trouviez sur les lieux du chantier. Les matériaux de construction sont empilés un peu partout, les entrepreneurs sont entourés de leurs ouvriers. Vous donnez l'ordre: « Érigez un immeuble! » La première question que vous poseront les ouvriers et les entrepreneurs est la suivante: « Où sont les plans? »

Si chacun de ces hommes se mettait à la construction de votre édifice en suivant son idée, vous obtiendriez un monstre d'horreur.

Il n'y aurait aucun effort dirigé vers un but commun car tous les ouvriers feraient, en même temps, tout ce qui leur plaît. La première chose qui risque de se produire, c'est que l'immeuble ne soit jamais terminé. Il en résulterait confusion et frustration.

Si chaque ouvrier se mettait à travailler de son côté, le travail d'équipe serait impossible et — sans plan — l'idée générale serait totalement absente.

Ce projet, qui à l'origine, aurait pu s'avérer l'une des grandes merveilles du monde, ne verra peut-être jamais le jour.

Un maître-ouvrier *doit* avoir un plan! Il ne peut utiliser ses talents au maximum à moins qu'il n'ait des lignes directrices. Il doit avoir un plan s'il veut construire une chose merveilleuse.

Votre vie est directement parallèle à cet immeuble que nous venons de décrire. Vous en êtes l'architecte. Vous pouvez ériger bonheur et réussite ou vous pouvez vivre une vie faite de pauvreté et d'échecs. Le plan est la clé. Vous devez avoir un plan si vous voulez réussir! Sans ce plan, qui vise à guider tous vos efforts, vous ne pouvez que finir dans la confusion, la déception et la frustration.

Les gens qui disposent d'un but et d'un plan dans la vie sont ceux qui réussissent, alors que ceux qui n'en ont pas ne connaissent que l'échec. Un médecin de New York, très réputé, a récemment déclaré: « Après avoir examiné 15 321 patients des deux sexes dans la ville de New York, j'en ai conclu que le grand problème des gens à l'heure actuelle est le manque de valeurs et de buts dans la vie. »

Il y a des milliers de médecins, à travers le monde, qui pourraient dire la même chose. Nous en sommes arrivés à un point de l'histoire où les gens errent à la recherche de quelque chose que l'on ne peut expliquer. C'est le règne de la confusion, de la frustration. Les gens sont angoissés et ils ne peuvent pas comprendre pourquoi.

Il n'y a qu'une seule solution. Il nous faut revenir à la base. Tout athlète qui se respecte vous dira que, de temps à autre, s'il veut rester parmi les meilleurs, il doit revenir à la base — s'il ne le fait pas, il perd son entraînement et son style s'en ressent. Tout champion de boxe qui a réussi à maintenir son titre a repris son entraînement avant chacun des grands combats. Lorsque l'on commence à avoir trop confiance en soi et que les principes de base s'oublient, c'est l'échec qui guette son heure.

Comme les athlètes, l'homme doit revoir les principes de base d'une vie équilibrée, telle que l'a voulue le Créateur — il doit réviser les lois naturelles de l'univers. Dans Ecclésiaste 7: 13, vous trouvez cette merveilleuse pensée: « Regarde l'œuvre de Dieu: qui pourra redresser ce qu'il a courbé? » Vous ne pouvez le vaincre;

beaucoup, qui étaient plus forts que vous, ont essayé et n'ont pas réussi; c'est pourquoi vous feriez mieux de vous joindre à lui et d'accepter les lois naturelles qui agiront en votre faveur et non contre vous!

L'une des lois naturelles de l'univers la plus connue est celle de la gravité. Vous savez que si vous montez jusqu'en haut d'un immeuble et que vous sautez dans le vide, vous tomberez — vous ne monterez pas! Vous ne pouvez pas voir la loi de la gravité, vous ne pouvez pas la sentir, vous ne pouvez pas la toucher — mais vous savez qu'elle existe. Il en est de même en ce qui concerne les lois du bonheur et de la réussite — vous ne pouvez pas les voir, vous ne pouvez pas les sentir, ni les toucher, mais elles existent.

Vous pouvez agir dans le cadre de ces lois et alors, bonheur et réussite seront à portée de votre main. Dieu a certains buts concernant l'humanité et il dispose d'un plan pour les réaliser. La Sainte Bible est le plan de Dieu pour l'éternité. Tout a été prévu en détail dès le commencement, la Genèse, jusqu'à la fin, la Révélation; tout est là, tel que Dieu l'a voulu. Remarquez que la plus grande puissance de l'univers, qui est Dieu lui-même, a fixé des buts et établi des plans pour les atteindre. Étant donné que c'est Lui qui nous a créé et que tout ce qu'Il a créé dépend de Lui et des lois naturelles, nous devons suivre son exemple en nous fixant des buts bien définis et en établissant des plans personnels bien spécifiques pour les atteindre. Si cela est bon pour Dieu — cela est bon pour vous!

Les buts et les plans représentent les clés magiques du bonheur et de la réussite! Seuls 3 pour cent de la population se fixent des plans et les mettent par écrit. Dix pour cent se fixent des buts, mais se contentent de les garder à l'esprit. Le restant de la population — soit 87 pour cent — dérive dans la vie sans but ni plan précis. Ils ne savent pas où ils vont et subissent la loi des autres.

Reprenons ces statistiques d'un peu plus près. Les 3 pour cent de la population qui se fixent des buts et établissent des plans en les mettant par écrit, réalisent de cinquante à cent fois plus de choses de leur vivant que ceux qui se contentent de garder leurs buts et plans à l'esprit. Rien que ces statistiques devraient vous pousser à vous fixer des buts personnels bien définis, à établir un plan d'action pour les atteindre et à rédiger le tout. N'oubliez pas que Dieu a rédigé ses buts et ses plans dans la Sainte Bible!

Vous *devez* être en possession de buts et de plans. Les prisons sont pleines de malheureux qui n'avaient ni buts ni plans et qui, un jour, se sont retrouvés en dehors des frontières des lois fixées par l'homme. Cela n'arriverait jamais à ceux qui se sont fixé des buts et qui ont établi des plans à l'intérieur du périmètre des lois supérieures à celles de l'homme — les lois naturelles. Les buts et les plans établis dans le cadre des lois naturelles éliminent l'angoisse. Se conformer aux lois de Dieu libère votre esprit et vous permet de saisir les chances qui s'offrent à vous.

Les gens ne se fixent pas de buts et n'établissent pas de plans pour quatre raisons:

1. Ils ne savent pas comment le faire.
2. Cela les ennuie.
3. Ils ne croient plus à leurs buts et à leurs plans une fois qu'ils les ont mis au point.
4. Ils travaillent à trop long terme, ce qui fait qu'ils ne voient pas de résultats immédiats et se découragent rapidement.

Si l'une de ces raisons est la vôtre, la méthode de Bland pour une définition et une planification d'un but va résoudre votre problème. Ma méthode est la plus simple et la plus efficace qui soit. Elle vous enseigne les principes d'une planification à court terme et à long terme, ce qui vous permet de découvrir immédiatement que la planification n'est pas un mythe.

Ma méthode n'est pas basée sur les lois de l'homme. Elle est basée sur les lois naturelles, qui vous apportent la confiance et la foi dont vous avez besoin pour ne pas abandonner votre programme. Ma méthode ouvre la voie vers une vie remplie de bonheur et de réussite. Tout ce qu'il vous reste à faire, c'est de l'appliquer à votre cas personnel.

Il faut absolument que vous vouliez vous fixer des buts et établir des plans pour réussir à les atteindre. Personne ne peut vous y forcer. Lorsque vous aurez compris que vous aussi, vous voulez avoir un but et l'atteindre, vous prendrez le temps qu'il vous faut pour définir les buts et les plans qui vous conviennent.

Vous vous apercevrez que la partie la plus difficle de ce processus est de respecter les plans que vous avez mis par écrit.

Au début, vous vous écarterez souvent du chemin que vous vous êtes tracé, mais si vous restez dans les limites du programme, vous marcherez quand même dans la bonne direction. Selon vos possibilités, il vous faudra de un à trois ans avant que votre esprit soit suffisamment programmé pour mener à bien tous les détails particuliers de vos plans.

Vous connaîtrez, à plusieurs reprises, des échecs temporaires, mais en continuant à rester dans les limites du programme, vous foncerez à travers l'adversité comme le joueur professionnel qui court vers les buts. N'oubliez jamais ce principe « C'est de l'adversité que provient une chance plus grande, sinon égale » — il est toujours vrai!

Ce principe a été illustré de façon spectaculaire à Houston, au Texas, il y a plusieurs années. On y avait prévu un stade immense, le premier en son genre. Un toit en verre devait recouvrir le stade de sorte que les rencontres sportives pouvaient toujours avoir lieu dans des conditions climatiques idéales, en dépit de mère Nature.

Une fois la merveilleuse structure terminée, mère Nature a pris sa revanche. L'herbe ne voulait pas pousser sur les terrains. Les sociétés d'exploitation avaient pensé à un complexe sportif de plusieurs millions de dollars, construit en vue d'abriter des terrains professionnels de football et de baseball et qui ne valait strictement rien, tout simplement parce que l'herbe refusait de pousser.

Les constructeurs s'attaquèrent à ce problème en appliquant le principe en question. La malchance entraîna la découverte d'une surface de jeu artificielle qui, d'après les experts, était meilleure que l'herbe. Aujourd'hui, de nombreux stades à travers le pays sont recouverts d'une herbe artificielle.

« C'est de l'adversité que provient une chance plus grande, sinon égale » est une autre façon de dire que la nécessité est la mère de toutes les inventions. Vous vous rendrez vite compte que ce qui semble être un obstacle permanent à l'atteinte de votre but est en fait pure imagination. La Bible dit: « Si tu faillis au jour de la détresse, ta force n'est que détresse » (Proverbes, 24:10).

Réjouissez-vous des obstacles; c'est un tremplin vers de grandes réalisations!

Alors que vous commencez à élaborer des buts dans votre esprit, n'ayez pas peur de penser grand! Un sage a un jour déclaré: « Il vaut mieux viser une étoile et frapper un aigle que de viser un aigle et frapper une pierre. » Disons, par exemple, que mon revenu, l'an dernier, était de $15 000 et que cela ne me satisfait plus. Je me fixe comme but, pour l'année qui vient, d'obtenir un revenu de $35 000, ce qui répond un peu mieux à mes besoins. Après avoir travaillé très fort pour atteindre cet objectif, je m'aperçois que je n'ai gagné que $28 483. Ai-je échoué? Sûrement pas! Il est vrai que je n'ai pas atteint le chiffre que je m'étais fixé, mais regardez un peu les progrès que j'ai fait en un an.

Visez haut — visez la lune, à condition que vous soyez convaincu d'atteindre votre but un jour. Ne pensez pas trop aux moyens qui vous permettront d'atteindre votre but. Laissez cela au soin de cette Puissance qui vous est supérieure.

Emerson a dit: « Faites comme si cela vous appartenait déjà, ce que vous avez tant envie d'avoir; jouez le rôle avec enthousiasme, vivez le personnage comme le ferait un acteur pris complètement par la pièce qu'il joue. »

Il est sage d'écouter les conseils de personnes qualifiées lorsque vous fixez vos buts et établissez vos plans. Le proverbe 15:22 nous dit: « Les projets échouent, faute d'une assemblée qui délibère; mais ils réussissent quand il y a de nombreux conseillers. »

Je vous suggère de retenir une ou deux personnes en qui vous avez entièrement confiance et dont vous respectez le bon sens et qu'ensemble, vous formiez une Assemblée de la Réussite en vue d'échanger les idées concernant les buts et les plans personnels de chacun.

La Bible dit également: « Un coeur intelligent acquiert la science, et l'oreille des sages cherche la science. » (Proverbes 18:15). En formant cette alliance, choisissez une ou deux autres personnes qui peuvent vous aider à croître, grâce à cette association. Lorsque deux esprits se joignent, cette interaction semble créer un troisième « esprit » ayant des pensées créatrices et pouvant résoudre de nombreux problèmes.

« Deux valent mieux qu'un, parce qu'ils retirent un bon salaire de leur travail. Car, s'ils tombent, l'un relève son compagnon; mais malheur à celui qui est seul et qui tombe, sans avoir un second pour le relever! De même, si deux couchent ensemble, ils auront chaud; mais celui qui est seul, comment aura-t-il chaud? Et si quelqu'un est plus fort qu'un seul, les deux peuvent lui résister; et la corde à trois fils ne se rompt pas facilement. » (Ecclésiaste, 4:9, 12). « Celui qui fréquente les sages devient sage » (Proverbes 13:20). Un Conseil de la Réussite qui puisse vous aider à fixer vos buts a une valeur inestimable.

1. Pour que tout marche bien, il doit y avoir complète harmonie entre les différents membres.
2. Il ne saurait exister de négativisme, sinon le groupe deviendrait une force négative qui détruirait chacun des individus impliqués. Pour réussir, le Conseil de la Réussite doit fonctionner dans une atmosphère positive. Éloignez-vous des personnes négatives, car elles vous programmeront pour l'échec.
3. Guidez la façon de penser du groupe en établissant des lignes directrices positives.
4. Prévoyez des réunions à intervalles réguliers, assez longues pour que chacun des membres puisse y faire un rapport personnel de ses progrès. Cela est nécessaire pour que les buts et les plans de chacun se concrétisent.

Il ne suffit pas de se fixer un but et d'établir des plans pour l'atteindre. Vous devez également décider de la date à laquelle le but doit être atteint. Fixez une date — le délai peut être d'une heure, d'une journée, d'une semaine ou d'un mois. Il peut s'agir aussi d'un an, de cinq ans ou de votre soixantième année. Qui sait? Mais il faut absolument vous fixer une date si vous voulez que votre but se concrétise.

En 1960, le président John F. Kennedy s'est adressé à la nation, annonçant le début d'un programme spatial de dix ans, visant à envoyer l'homme sur la lune.

Voyons pourquoi cet effort a été un succès total. Premièrement, un but bien défini a été fixé — un homme sur la lune!

Deuxièmement, un plan de base avait été établi. De nombreux problèmes ne connaissaient pas encore de réponse, mais il y avait un départ — un plan de base.

Troisièmement, une date avait été décidée — dix ans, pendant lesquels ce rêve devenait réalité.

Et un quatrième facteur entrait également en jeu. Bien que nous n'en ayons pas encore parlé, il représente un point très important de cette planification. Après les trois premières étapes — un but, un plan et une date — il est impérieux de ne jamais perdre de vue le but. Il faut l'avoir tous les jours sous les yeux, le rendre positif, pour qu'un jour, il puisse devenir réalité. Nous aborderons ce principe plus en détail dans la section traitant du plan d'action.

Les hommes et les femmes qui ont participé à l'opération lune ont travaillé ensemble, au jour le jour, pour atteindre leur but. Ils ne savaient pas exactement comment ils allaient faire pour envoyer un homme sur la lune, mais ils avaient la foi et ils savaient qu'ils pouvaient y arriver. Ils ne savaient pas encore à quoi devait ressembler le vaisseau spatial et ils n'imaginaient pas encore le rôle énorme que devaient jouer les ordinateurs dans la réalisation de ce projet.

Il y avait de nombreux inconnus, mais le but restait devant leurs yeux. Ils ont eu recours à la pensée de groupe et n'ont jamais perdu la foi, malgré des échecs temporaires. Ils savaient que le but allait être atteint et les réponses sont arrivées d'elles-mêmes; les États-Unis ont réussi à envoyer un homme sur la lune avec un an d'avance.

Cet exploit extraordinaire devrait vous convaincre que jamais vous ne devriez douter de la sagesse d'une définition et d'une planification d'un but. Le programme spatial contenait tous les principes d'un but fixé — il n'y avait donc aucune chance de voir le projet échouer — l'homme a bel et bien marché sur la lune!

Permettez-moi de répéter les étapes qui ont constitué ce projet spatial:

1. Un but a été fixé.
2. Un plan a été établi.
3. Une date ferme a été décidée.

4. L'équipe a eu recours à la pensée de groupe.
5. Personne n'a jamais perdu le but de vue.
6. Tous ont agi.
7. Tous ont gardé la foi.

Le résultat: Il était impossible de ne pas réussir!

Avant de passer au chapitre suivant, faites des principes ci-dessous les vôtres:

1. Visez haut.
2. Veillez à éviter le chaos.
3. Recherchez les chances offertes par l'adversité.
4. Joignez les rangs des 3 pour cent qui rédigent leurs plans par écrit et augmentent leurs chances de réussite.
5. Mettez sur pied un Conseil de la Réussite et soyez sûr d'arriver au but.

Lorsque vous aurez accepté ces principes, vous aurez franchi un autre pas énorme sur la voie de la réussite, d'une vie heureuse et prospère.

LES POINTS À RETENIR

- Les gens qui disposent d'un but et d'un plan dans la vie sont ceux qui réussissent, alors que ceux qui n'en ont pas ne connaissent que l'échec.
- Les buts et les plans représentent les clés magiques du bonheur et de la réussite.
- Les buts et les plans établis dans le cadre des lois naturelles éliminent l'angoisse.
- C'est de l'adversité que provient une chance plus grande, sinon égale.
- Vous vous rendrez vite compte que ce qui semble être un obstacle permanent à l'atteinte de votre but est, en fait, pure imagination.
- Osez viser haut!

5/ La corde raide de la vie: Équilibre spirituel et financier

SECTEURS UN ET DEUX

Nous passons maintenant à la phase la plus importante du processus de la définition d'un but et de l'élaboration d'un plan — nous passons aux secteurs qui affectent le bonheur réel. Les principes qui ont déjà été présentés feront entrer dans votre vie une multitude de richesses matérielles. Mais ces principes ne vous apporteront pas le bonheur. On ne peut connaître le vrai bonheur qu'en menant une vie équilibrée.

Avez-vous déjà observé un funambule? Il avance de façon sûre, mais en faisant attention, le balancier penchant d'un côté, puis de l'autre, légèrement, alors qu'il progresse d'un millimètre à la fois. Ses yeux ne quittent jamais la corde raide. C'est elle qui le guide vers la sécurité, tout comme le font également ses muscles et ses mouvements parfaitement équilibrés. Le seul fait de détourner le regard ou d'exagérer un seul mouvement peut entraîner un désastre et peut même lui coûter la vie.

L'équilibre est le mot clé pour cet artiste comme il l'est pour nous. Toutes les lois naturelles créées par Dieu sont basées sur la loi naturelle de l'équilibre. Comme je l'ai dit plus tôt: « S'il me fallait choisir un mot pour définir le Créateur, je choisirais celui d'*équilibre.* » Étant donné que la loi de l'équilibre s'applique à la nature au complet — l'univers, la vie animale, la vie végétale et tout ce qui existe — elle s'applique sans aucun doute à vous et à moi. Lorsque l'équilibre est rompu dans le monde naturel — la nature souffre! Lorsque l'équilibre est rompu dans le monde de l'homme, c'est l'homme qui souffre.

Nous devons tous apprendre à vivre dans les frontières de cette importante loi naturelle. Si, dans votre vie, vous vous laissez guider par cette loi de l'équilibre, vous en obtiendrez un bonheur plus grand que tout ce que vous avez pu imaginer. Si vous êtes en harmonie avec le monde qui vous entoure, vous serez heureux! Si vous n'êtes pas en harmonie avec le monde qui vous entoure, vous serez malheureux! Ne trouvez-vous pas que tout cela est très simple? C'est très simple, mais extrêmement important!

Je vais vous dire comment appliquer la loi de l'équilibre dans votre vie de tous les jours de façon à ce que vous soyez inondé de bonheur. Votre vie se compose de quatre secteurs principaux:

Spirituel
Financier
Instruction
Loisirs

Si vous voulez que le bonheur rayonne tout autour de vous, vous devez apprendre à fixer des buts et à établir des plans pour chacun de ces quatre secteurs. Sans un mélange heureux de ces quatre domaines, votre vie ne peut être équilibrée et vous serez malheureux.

Voyons d'un peu plus près ces quatre secteurs qui gouvernent tant notre vie.

SECTEUR UN: ÉQUILIBRE SPIRITUEL

Connaissez-vous quelqu'un de déséquilibré spirituellement ? Vous connaissez peut-être quelqu'un obsédé par le domaine spirituel à un point qu'il en est devenu un fanatique. En conséquence, les gens refusent de le fréquenter. Ils l'évitent et lui ne peut atteindre son but pour une raison bien simple — il s'attarde trop à l'un des quatre secteurs. Peut-être connaissez-vous aussi quelqu'un qui, à l'opposé, n'a aucun intérêt spirituel. Il mène une vie vide et est malheureux car il n'a pas de véritables amis. Ses activités ne le mènent pas à une amitié réelle. Il s'agit là de deux extrêmes, mais ces deux exemples illustrent clairement le problème du déséquilibre spirituel.

Tout homme du vingtième siècle qui se donne la peine de réfléchir peut arriver à la conclusion intelligente qu'il existe un Être Suprême — un Dieu puissant, un Dieu intelligent, ayant autorité sur toute chose.

Le prophète Isaï, dans son livre inspiré dans la Bible, rapporte les mots suivants du Créateur: « Il n'y a pas d'autre Dieu que moi, Dieu juste et Sauveur. Tournez-vous vers moi, pour être sauvés, tous les confins de la terre! Car Je suis Dieu sans égal. » (Isaïe 45:21-22).

La nature même de l'homme renferme un besoin inné d'adorer quelque chose. Ce besoin d'adoration revêt plusieurs formes — idéaliste et matérialiste — mais la Bible dit qu'il ne devrait y avoir qu'un seul objet d'adoration et que ce seul véritable objet est le Créateur. Lorsque l'homme pose ses yeux sur le Créateur, sa vie sera remplie de lait et de miel. Pourquoi combattre ceci? Joignez les rangs de l'équipe et jouez le jeu de tout votre coeur — vous trouverez ainsi bonheur et réussite. Établissez des plans spirituels bien définis, pour vous et votre famille et appréciez les joies équilibrées et le sens de la vie. Jamais vous ne le regretterez — *croyez*!

SECTEUR DEUX: ÉQUILIBRE FINANCIER

Vous connaissez peut-être quelqu'un qui n'est pas équilibré au point de vue financier. Cet individu ne se laisse diriger que par l'argent. L'argent l'obsède et il le recherche tellement que sa vie personnelle et son harmonie familiale se sont effondrées. Il est des hommes qui perdent leurs amis, finissent par être sans le sou et qui se retrouvent seuls et misérables à cause de l'argent. En 1923, neuf des financiers les plus célèbres du monde se sont réunis à l'hôtel Edgewater Beach de Chicago. Au point de vue financier, ils tenaient littéralement le monde en mains. Tout ce que l'argent pouvait acheter était à leur portée. Ils étaient riches — riches — riches! Voici leurs noms et titres:

1. Charles Schwab, président de la plus grosse aciérie.
2. Samuel Insull, président de l'usine d'appareils électriques la plus importante.
3. Howard Hopson, président de la plus grosse compagnie de gaz.
4. Arthur Cutten, le plus grand spéculateur en blé.
5. Richard Whitney, président de la Bourse de New York.
6. Albert Fall, secrétaire de l'intérieur au cabinet du président Harding.

7. Jesse Livermore, l'homme le plus important de Wall Street.
8. Ivar Kreuger, dirigeant de l'un des plus grands monopoles du monde.
9. Leon Fraser, président de la Bank of International Settlements.

Assez impressionnant, comme groupe, non? Aimeriez-vous être à la place de l'un de ces hommes? Avant de décider, voyons un peu où en était la situation 25 ans plus tard — en 1948:

1. Charles Schwab a été obligé de déclarer faillite et a vécu d'emprunts les cinq dernières années de sa vie.
2. Samuel Insull est mort à l'étranger, fuyant la justice de son pays, sans un sou.
3. Howard Hopson était fou.
4. Arthur Cutten était insolvable et est mort à l'étranger.
5. Richard Whitney venait tout juste de sortir de la prison de Sing Sing.
6. Albert Fall a obtenu un sursis d'une peine de prison pour pouvoir mourir chez lui — ruiné.
7. Jesse Livermore est décédé après s'être suicidé.
8. Ivar Kreuger s'est enlevé la vie.
9. Leon Fraser s'est, lui aussi, suicidé.

Ce groupe vous impressionne-t-il toujours autant? Un potentiel et des talents énormes ont disparu en même temps que ces hommes. Que s'est-il passé? Leurs vies n'étaient pas équilibrées.

Le roi Salomon, qui était un sage, a écrit: «La fortune est pour le riche une ville forte; Dans son imagination, c'est une haute muraille.» (Proverbes 18:11). Le roi Salomon était connu non seulement pour sa sagesse, mais pour ses richesses.

Dans l'Ecclésiaste 5:10, nous trouvons: «Celui qui aime l'argent n'est pas rassasié par l'argent, et celui qui aime les richesses n'en profite pas. C'est encore là une vanité.»

A l'opposé, on trouve celui pour qui l'argent n'est rien. Il ne subvient même pas à ses propres besoins et vit dans la pauvreté. Il dépend de la charité publique. Cet individu est tout aussi déséquilibré sur le plan financier que celui qui ne pense qu'à l'argent. Entre ces deux extrêmes se trouve l'équilibre — avoir de l'argent et être heureux!

Dans presque tous les cas, le gros problème auquel ces gens ont eu à faire face est celui de l'utilisation de l'argent. La plupart des gens n'arrivent pas à comprendre qu'ils ne peuvent avoir de l'argent et les choses que l'argent peut acheter — du moins au début. Pour amasser de l'argent, il faut sacrifier certaines choses. Pour acheter des tas de choses, il faut dépenser de l'argent. C'est aussi simple que ça et pourtant très peu de gens le comprennent.

Le roi Salomon a dit: « Celui qui aime la joie reste dans l'indigence; Celui qui aime le vin et l'huile ne s'enrichit pas. » (Proverbes 21:17). Et ces paroles viennent d'un homme qui a eu plus de richesses que n'importe qui au monde!

Si vous voulez vraiment amasser de l'argent, vous devez respecter sept principes:

1. *N'achetez pas à crédit* — Prenez toutes vos cartes de crédit, attachez-les ensemble et placez-les au fond d'un tiroir où vous les oublierez. Les cartes de crédit et les comptes ouverts un peu partout entraînent les gens dans les ennuis financiers; les preuves ne manquent pas à cet effet. Souvenez-vous: « Le riche domine sur les pauvres, Et celui qui emprunte est l'esclave de celui qui prête. » (Proverbes 22:7).

2. *Ne faites jamais de consolidation de dettes* — En théorie, il s'agit d'une chose très bien, mais elle ne fonctionne pas toujours de la façon prévue. Vous pouvez faire une consolidation de dettes et n'avoir plus qu'un paiement mensuel à faire à un taux d'intérêt très élevé; mais en fin de compte, vous pouvez vous retrouver avec cette dette, à laquelle s'ajouteront de nombreuses autres. Les nouvelles dettes feront leur apparition car vos anciennes habitudes de gestion financière n'auront pas changé.

Si vous êtes très endetté, mettez au point un plan de remboursement et appelez tous vos créditeurs pour leur faire connaître votre plan et les assurer que vous allez les payer. Vous verrez qu'ils sont tous prêts à vous aider.

3. *N'achetez jamais sous impulsion* — Placez un petit tableau sur le mur de votre cuisine. Lorsque vous désirez acheter quelque chose d'important, inscrivez-le sur le tableau. Attendez un mois et si vous avez encore l'intention de l'acheter, trouvez le

moyen de l'insérer dans votre budget. Dans la plupart des cas, vous vous apercevrez que votre envie était tout au plus un caprice.

4. *Établissez un budget* — Achetez un livre de comptes et commencez à prendre note de toutes vos recettes et dépenses. Décidez des sommes que vous allez consacrer au nécessaire et au superflu chaque mois et respectez-les. Calculez chaque sou! Il existe un principe prouvé qui dit: « Si vous ne pouvez pas vivre avec $500 par mois, vous ne pourrez pas plus vivre avec $5 000 par mois ». Vous répondrez: « Peut-être. Mais j'aimerais quand même essayer! » La réalité, c'est que ce principe est vrai — si vous avez des problèmes financiers à $500 par mois, vous aurez les mêmes problèmes lorsque vous essaierez de vivre avec $5 000 par mois. Voyez-vous, vos mauvaises habitudes de gestion financière vous feront vivre au-dessus de vos moyens à $5 000 par mois tout comme elles le font à $500 par mois. La seule différence, c'est que les problèmes seront plus importants à $5 000 par mois. Pensez à ce principe — il est vrai!

5. *Commencez par vous payer* — Lorsque vous recevez votre chèque de paye, mettez un peu d'argent de côté pour vous. Au début, le montant peut être négligeable — un dollar par semaine — mais peu à peu ce montant augmentera car vous prendrez l'habitude d'économiser. William B. Johnson a commencé à économiser ses cents au début du siècle. Ces cents sont devenus des dollars, puis des centaines de dollars. Au moment de la dépression, il a pris ses dollars pour profiter du malheur des autres. Il acheta leurs terres à des prix ridicules. Il est devenu un propriétaire terrien très riche pour avoir tout simplement pris l'habitude d'économiser, ce qui lui a permis de profiter de l'occasion lorsqu'elle s'est présentée.

Le Proverbe 21:20 nous dit: « De précieux trésors et de l'huile sont dans la demeure du sage; Mais l'homme insensé les engloutit. » Vos créditeurs attendront, car ils n'ont pas le choix — mais commencez par vous payer — *économisez.*

Il existe plusieurs jeux auxquels vous pouvez vous adonner pour économiser. Essayez celui-ci: mettez un pot de café vide dans votre chambre à coucher et tous les soirs, avant de vous coucher, videz-y vos poches de la monnaie qu'elles contiennent. Lorsque vous encaissez un chèque, ajoutez un dollar au montant et placez ce dollar dans vos économies. Jouez à ces jeux et ils vous aideront à économiser. Votre but devrait être d'un minimum de 10% de vos revenus.

6. *Comment payer les factures mensuelles* — Lorsque vous préparez vos chèques, tous les mois, faites-les dans l'ordre suivant:

a. L'église ou autre organisme de charité valable.
b. Épargne.
c. Assurance pour une sécurité future.
d. La nourriture.
e. La maison.
f. Tout le reste.

Ce procédé est un vrai charme. Il vous aidera à vous concentrer sur le nécessaire et à vous habituer au fait que tout le reste suit naturellement. Soyez confiant, essayez!

7. *Investissement* — Je me permets de vous indiquer ici les cinq étapes d'une bonne gestion financière. C'est un procédé qui a toujours apporté la richesse à ceux qui l'ont appliqué. Suivez les cinq étapes données ci-dessous et vous connaîtrez la sécurité financière.

a. *Le nécessaire* — Vous partez en voyage — un voyage qui doit vous mener à la richesse matérielle — et vous devez penser à la nourriture, aux vêtements et à l'abri avant de penser à investir. Certaines personnes ne réussissent jamais à dépasser le stade du nécessaire, mais pour ceux qui y parviennent, voici l'étape suivante:

b. *L'assurance* — Vous visez la réussite financière, aussi devez-vous vous protéger de désastres financiers par des assurances-vie, santé et autres. Ces assurances vous protègent contre la ruine financière. Certaines personnes réussissent à pourvoir au nécessaire, à se protéger par des assurances, mais ne parviennent jamais à dépasser ce stade. Pour ceux qui y parviennent, l'étape suivante est celle-ci:

c. *Le liquide* — Alors que votre importance financière s'accroît, vous devez accumuler du liquide pour faire face en cas d'urgence ou pour pouvoir profiter des chances qui s'offrent à vous. Ouvrez un compte d'épargne et déposez-y de l'argent jusqu'à ce que vous ayez accumulé six mois de salaire. Certaines personnes réussissent à pourvoir au nécessaire, à se protéger par des assurances et à avoir un certain montant d'argent d'avance, mais elles ne peuvent jamais dépasser ce stade. Pour les autres, voici l'étape suivante:

d. *Les terrains* — Acheter des terrains est un investissement relativement sûr, qui rapporte beaucoup. La superficie des terrains disponibles diminue au fur et à mesure qu'augmente le nombre des habitants et elle va diminuer de plus en plus. Les propriétaires terriens en arriveront peut-être une fois de plus à contrôler la société comme c'était le cas avant la révolution industrielle. La valeur des terrains ne baissera jamais — donc à ce point de votre ascension vers la richesse, achetez des terrains. Certaines personnes réussissent à pourvoir au nécessaire, à se protéger par des assurances, à avoir un certain montant d'argent d'avance et à acheter des terrains, mais elles ne peuvent jamais dépasser ce stade. Pour les autres, voici l'étape suivante:

e. *Les valeurs et les actions* — La dernière étape de l'accumulation des biens est celle de l'achat de valeurs et d'actions. C'est vraiment la dernière étape, car il s'agit de spéculation. Cette étape peut s'avérer risquée et il faut faire attention avant de s'y engager.

Ce sont-là les cinq étapes d'une bonne gestion financière. Elles agiront en votre faveur et vous apporteront les richesses qu'elles ont apportées aux autres. Le seul problème qui peut se présenter, c'est que vous décidiez que ces étapes sont trop lentes. Vous décidez d'aller vite et passez directement à l'étape numéro cinq. Si tel est votre cas, faites attention! Vous allez droit à la ruine. Tenez-vous en aux cinq étapes — dans l'ordre; vous verrez, ça marche!

Il existe un mythe ancien concernant l'argent et qu'il est très facile de détruire. La Bible ne dit pas que l'argent est quelque chose de mauvais. La Bible dit: «La racine de tous les maux, c'est l'amour de l'argent.» (1 Timothée 6:10).

L'homme a le choix. Il gagne de l'argent en rendant service et il a toute liberté de l'utiliser comme il veut. S'il destine son argent à des choses valables — l'argent a du bon. Mais s'il utilise son argent afin de tromper les autres et lui-même, l'argent est mauvais. L'argent lui-même ne peut décider de la façon dont il sera utilisé. C'est à l'homme de faire le choix.

Les prêtres font parfois des sermons, maudissant l'argent tout en terminant en demandant des contributions plus élevées pour aider l'église. Si l'argent est si diabolique que ça, pourquoi en ont-ils besoin pour que l'église puisse rester ouverte? Il est évident que l'argent n'a rien de mauvais, mais que l'homme peut le rendre ainsi.

Il faut de l'argent pour faire à peu près tout ce qui présente un intérêt dans la vie. Il faut de l'argent pour imprimer et publier de bons livres. Il faut de l'argent pour soutenir l'église, les hôpitaux et les écoles. Il faut de l'argent pour aider les pauvres. Il faut de l'argent pour vous faire connaître la méthode de Bland. L'argent a du bon et est utile lorsque l'homme qui l'utilise le fait avec des motifs valables.

Lorsque vous commencerez à avoir un certain montant d'argent, vous aurez à faire face à un nouveau problème. De nouvelles occasions, bonnes et mauvaises, vous seront offertes, qui ne l'étaient pas avant. Tout d'un coup, le monde sera à votre portée et les tentations seront innombrables. Si vous avez des buts et des plans honnêtes, le fait d'avoir une somme importante et d'éprouver une tentation ne troublera pas votre paix intérieure. Mais sans but et sans plan agissant comme stabilisateurs, vous serez perdu.

Jésus a dit: «Il est plus facile à un chameau de passer à travers le trou d'une aiguille qu'à un homme riche de pénétrer dans le royaume de Dieu.» Cela en vue d'insister sur le fait que la tentation de faire le mal est très grande lorsque vous avez de l'argent et que si vous devenez esclave de l'argent, ce dernier détruira votre paix intérieure et votre relation avec le Créateur.

Une fois cette relation détruite, vous ne serez plus en harmonie avec les lois naturelles de l'univers et vous perdrez la belle vie qui était mise à votre portée. Cela ne se produira pas si vos buts et vos plans sont bien enracinés en vous et vous guident.

De nombreux hommes très riches qui ne sont plus de ce monde et d'autres qui vivent encore ont pénétré ce royaume de paix et d'harmonie que le Créateur avait prévu pour eux. Alors qu'il peut être très difficile pour un homme riche d'atteindre un parfait équilibre, cela peut se faire par l'intermédiaire de buts et de plans qui libèrent la voie menant au bonheur et à la réussite. La façon dont vous voyez l'argent est très importante. Lorsque l'amour de l'argent l'emporte sur tout le reste, vous avez un déséquilibre financier. L'argent est devenu le maître et non plus l'esclave. Appliquez la loi de l'équilibre à votre vie et vous apprendrez à placer l'argent dans une perspective correcte et à sauvegarder votre bonheur et votre réussite.

Aucun homme ne peut atteindre la richesse sans d'abord enrichir les autres. Étudiez la vie de tous les grands hommes et vous vous apercevrez que la plupart d'entre eux étaient très généreux. J.C. Penney et R.G. LeTourneau ont amassé des richesses énormes, mais tous deux attribuent cette réussite financière au fait d'avoir partagé leur bonne fortune avec les autres.

J'ai beaucoup parlé de ce principe du partage avec un grand nombre d'hommes d'affaires réputés. Ils m'ont dit qu'ils seraient littéralement épouvantés de ne pas donner — les conséquences sont trop grandes. Les hommes heureux et qui ont réussi vous répondront rapidement que « Vous devez agir à l'image de Dieu! » C'est une loi naturelle. La Bible le redit en plusieurs endroits, tout comme le font plusieurs autres écrits. « Tel qui donne libéralement, devient plus riche; Et tel, qui épargne à l'excès, ne fait que s'appauvrir. L'âme bienfaisante sera rassasiée, Et celui qui arrose sera lui-même arrosé. » (Proverbes 11:24-25). Je connais des hommes qui distribuent 40 ou 50 pour cent de leurs revenus et on m'a cité le cas de ceux qui donnent tous les quatre sur cinq dollars qu'ils peuvent gagner. Ces gens sont évidemment riches et peuvent se permettre de donner une telle partie de leur revenu, mais la charité est devenue chez eux une habitude. Ils l'ont prise il y a longtemps, alors qu'ils n'étaient pas encore riches. Donner, c'est une loi naturelle utilisée pour accumuler les richesses. La

Bible nous dit que le Créateur aime celui qui donne et qu'il lui rendra tout le bien qui a été fait, à condition que celui-ci ait été fait dans la bonne perspective. Vous ne pouvez pas donner en attendant de recevoir en échange. Les dons doivent être faits librement, sans obligation. Lorsque les dons sont faits de manière désintéressée, sans que l'on en attende quoi que ce soit en échange, les personnes sont récompensées. Les dons faits de façon intéressée ne signifient rien.

L'importance du don n'a rien à voir. Ce qui est extrêmement important, c'est la façon dont on le fait. Si vous donnez de la façon prévue par le Créateur, vous en serez généreusement récompensé.

Penser en termes de richesses et de charité aussitôt après avoir parlé des cinq étapes d'une bonne gestion financière peut sembler déplacé. Mais ceci est volontaire et l'exemple suivant vient à l'appui de tout ce qui précède: Jess Radle avançait péniblement derrière sa mule alors que la charrue soulevait un nuage de poussière. Ces 40 acres de terre aride, à l'exception de quelques averses éparses au cours des derniers mois, ne promettaient rien de bon pour sa femme et lui-même, tous deux époux depuis seulement trois mois. Ils avaient tout juste assez de nourriture pour peut-être trois jours, jusqu'à samedi. Dans l'abri, il y avait à peine un seau de nourriture pour la mule. Jess s'arrêta, essuya la sueur qui ruisselait de son front. La poussière, d'un rouge brun, s'accumulait dans les rides de son visage. Le chapeau à la main, il releva la tête et contempla le ciel. « Dieu, si seulement vous pouviez m'envoyer un dollar, je vous promets que vous aurez votre part. »

Jess est maintenant un agriculteur prospère. Il me raconta cette histoire un jour qu'il venait de donner généreusement à une œuvre de charité. Il s'agissait là d'un don parmi tant d'autres. Au début, il ne donnait que quelques piécettes, puis il donna des billets de plus en plus gros, alors que sa fortune augmentait. « L'argent ne nous est pas tombé du ciel. Nous n'avions pas plus à manger qu'avant. Mais on aurait dit que la mule travaillait mieux et on s'est débrouillés pour passer à travers la dépression. Mais je vais vous dire une chose — j'aime donner, j'aime partager avec les autres — mais je mentirais en disant que je n'aurais pas peur de ne plus donner après la promesse que j'ai faite. » Où trouver l'argent pour commencer à donner aux autres?

Il n'y a qu'une seule possibilité — l'argent que vous gagnez. Vous devez aider votre prochain. Vous en serez récompensé en proportion de ce que vous donnez — ni plus, ni moins.

Faut-il découvrir de nouveaux services à rendre? Peut-être pas. La plupart des gens peuvent aider les autres là où ils travaillent. Lorsqu'un homme veut améliorer ses revenus, sa première réaction est de chercher un nouvel emploi, un jardin plus vert. Très souvent, un changement d'emploi résulte en la découverte qu'après tout, l'herbe n'était pas si verte de l'autre côté de la barrière. Et habituellement, c'est d'ailleurs pire après qu'avant.

Il y a de fortes chances pour que l'endroit où vous travaillez soit une véritable mine d'or. Ne passez pas à côté de l'évidence. Fixez vos buts, établissez vos plans en vue de rendre le plus de services possible là où vous travaillez. Si, plus tard, vous décidez de changer d'emploi, vous serez en meilleure position de le faire.

Prenez l'habitude d'en faire plus que ce que l'on attend de vous. Un jour, vous serez payé plus que pour ce que vous faites. Si vous arrivez en avance le matin, si vous partez le soir après les autres et travaillez beaucoup pendant la journée, vous pouvez être sûr d'être promu. Et si vous ne l'êtes pas, qu'est-ce que ça peut faire? Attendez un certain temps, peut-être un an et parlez à votre supérieur immédiat. Essayez de savoir quel avenir vous réserve cette Compagnie.

Si vous ne recevez aucune réponse encourageante, alors vous pouvez commencer à chercher ailleurs.

Si vous travaillez dans la vente — donnez un meilleur service. Vous serez récompensé en proportion directe des services rendus. Si vous voulez obtenir plus de la vie, donnez plus!

L'argent ne vous arrivera en quantité que d'une seule façon. La formule? Service — réussite — et argent.

Une réussite durable est un processus progressif. Elle doit commencer par des services rendus aux autres; elle ne peut commencer d'aucune autre façon. Malheureusement, les gens veulent l'argent en premier. Ils voudraient que tout leur soit servi sur un plateau d'argent et ils le veulent *aujourd'hui*. Mais c'est comme si on demandait à une chaudière de nous chauffer avant même de lui fournir le mazout. C'est tout simplement impossible — sans mazout, il ne peut y avoir de chaleur.

Il en est de même avec l'argent. Si nous en voulons vraiment, nous devons d'abord rendre service. C'est comme ça; ce n'est pas autrement; les gens qui rendent de réels services connaissent la réussite et l'argent s'offre en quantité à ceux qui réussissent. C'est là quelque chose à long terme et non pas à court terme.

Celui qui pense à court terme, qui veut son argent aujourd'hui, pour des services futurs qu'il ne rendra pas, n'a pas la bonne attitude. Il se retrouve habituellement les mains vides.

J'ai de bons amis qui sont avocats. Pour pouvoir pratiquer, il leur a fallu faire de grands sacrifices. Des années d'études, de formation et des sommes énormes ont été nécessaires avant qu'ils puissent ouvrir un bureau qui soit à eux. Il leur a fallu ensuite cinq à dix ans de plus afin de pouvoir établir leur clientèle et de pouvoir être récompensés financièrement.

Pensez un peu à ce qu'il en coûte à un médecin qui réussit. Lui aussi compte des années d'études, de formation et lui aussi a dû débourser des sommes énormes avant de pouvoir ouvrir son cabinet. Et ensuite, il lui faut compter encore cinq ans en moyenne avant de pouvoir dire qu'il vit bien, financièrement. Tous les professionnels paient leur réussite. En plus des longues années de préparation, ils se donnent entièrement à leur travail, pour rendre service.

Le prix est le même, quelle que soit la profession. Si vous voulez réellement gagner beaucoup d'argent, préparez-vous à en payer le prix — rendez service. Si vous rendez service de façon enthousiaste, vous en serez récompensé et il n'y aura aucun moyen de faire cesser ces récompenses. Ces récompenses peuvent se présenter à vous sous différentes formes, de façon surprenante. Mais elles s'offriront à vous. Rendez service et vous réussirez! N'oubliez jamais cette règle de base et votre réussite sera durable: service — réussite — argent!

Je connais et j'ai rencontré des gens dont la motivation est l'argent. J'en fais moi-même partie, je connais donc le problème auquel elles ont à faire face pour une vie plus opulente. Lorsque je travaillais dans la vente, je me rendais compte que l'argent seul ne réussissait pas à me motiver pour me faire sortir et voir des clients. J'étais motivé par l'argent en ce sens que tout ce que je voulais, c'était en avoir assez pour vivre à l'aise et payer mes factures, mais l'argent ne m'attirait pas au point de me faire parcourir un mille supplémentaire et gagner $100 000 par an.

Étant donné que je n'étais pas motivé par l'argent, j'étais obligé de me trouver des buts plus importants et plus valables que celui de vendre ou gagner beaucoup d'argent. Alors je me suis fixé des buts à très long terme en vue d'aider les autres. Chacun de ces buts entraînait un besoin d'argent qu'il me fallait absolument gagner si je voulais voir mes buts se concrétiser. Ce livre est une preuve de la puissance de la définition et de la planification d'un but, car il s'agit là de l'un de mes buts à long terme.

Seuls les esprits mesquins ne sont motivés que par le désir de faire des ventes. Les esprits plus larges doivent être motivés par des buts plus importants et plus valables. Une fois les buts fixés, les ventes deviennent alors les outils permettant de les concrétiser. Alors, si vous ne faites pas partie de ceux que l'argent motive, fixez-vous des buts qui, pour être atteints, requièrent de l'argent. Ils vous motiveront en vue d'une grande réussite.

J'ai marchandé avec la Vie pour un sou,
Et c'est tout ce que m'a donné la Vie,
Mais j'ai supplié au coucher du soleil
Seul, en comptant mes biens.
Car la Vie est un employeur juste —
Elle donne ce que vous demandez;
Mais une fois le salaire fixé,
Il est trop tard.
J'ai fait des tâches serviles
Pour apprendre, à mon grand étonnement
Que tout ce que j'aurais pu demander,
La Vie me l'aurait donné.

L'argent seul ne fait pas le bonheur, mais vous ne pouvez être heureux sans argent. La clé, c'est l'équilibre.

Avant de passer au chapitre suivant, faites des principes ci-dessous les vôtres:

1. On ne peut connaître le vrai bonheur qu'en menant une vie équilibrée.

2. Si vous voulez connaître bonheur et réussite, vous devez planifier dans les quatre secteurs de votre vie spirituel, financier, instruction, loisirs.
3. Dieu aime celui qui donne avec joie.
4. Rendez service et réussissez!

Lorsque vous aurez accepté ces principes, vous aurez franchi un autre pas énorme sur la voie de la réussite, d'une vie heureuse et prospère.

LES POINTS À RETENIR

- Lorsque l'homme pose ses yeux sur le Créateur, sa vie sera remplie de lait et de miel.
- La plupart des gens n'arrivent pas à comprendre qu'ils ne peuvent avoir de l'argent et les choses que l'argent peut acheter.
- Si vous ne pouvez pas vivre avec $500 par mois, vous ne pourrez pas plus vivre avec $5 000 par mois.
- La Bible ne dit pas que l'argent est quelque chose de mauvais.
- Il faut de l'argent pour faire à peu près tout ce qui présente un intérêt dans la vie.
- Aucun homme ne peut atteindre la richesse sans d'abord enrichir les autres.
- Vous devez agir à l'image de Dieu.
- Prenez l'habitude d'en faire plus que ce que l'on attend de vous. Un jour vous serez payé pour plus que ce que vous faites.
- Service — réussite — et argent!
- Une réussite durable est un processus progressif.
- L'argent seul ne fait pas le bonheur, mais vous ne pouvez être heureux sans argent. La clé, c'est l'équilibre.

6/La corde raide de la vie: Équilibre dans l'instruction et les loisirs

SECTEURS TROIS ET QUATRE

Vous pourriez croire, étant donné que l'on vient de parler de l'importance des deux premiers secteurs en ce qui concerne le bonheur réel — les secteurs spirituel et financier — qu'il ne faut plus grand chose pour être vraiment heureux. Mais pour atteindre un réel équilibre dans la vie, deux autres secteurs sont essentiels.

Le troisième secteur est celui de l'instruction et s'il n'est pas en harmonie avec les autres, votre voyage vers le bonheur sera mal assuré, sinon impossible. Le quatrième secteur, celui des loisirs, confirme ce vieux dicton — « Travail sans loisirs fait de lui un homme ennuyeux ». En travaillant, on gagne beaucoup d'argent pendant un certain temps. Mais après ça, on se retrouve à l'hôpital. Si l'on est incapable de se détendre — de façon équilibrée — on se dirige droit vers la dépression nerveuse et ce n'est pas dans ces conditions que l'on trouve le bonheur.

SECTEUR TROIS: L'INSTRUCTION

Avez-vous déjà rencontré un individu déséquilibré sur le plan de l'instruction? Il veut tellement toujours en apprendre plus qu'il en devient ridicule. Sa pensée devient tellement technique qu'il ne sait plus comment mettre ses connaissances en pratique. Son seul intérêt est d'acquérir toujours plus d'instruction, mais il ne semble jamais savoir comment utiliser ses connaissances et les mettre à profit pour lui et sa famille. Il est l'incarnation d'une tragédie financière instruite et, malheureusement, des gens comme lui, il y en a beaucoup dans le monde. Je connais des hommes qui pourraient recouvrir le mur sud du Madison Square Garden avec tous leurs diplômes et certificats et qui crèvent de faim. Les connaissances que l'on ne sait pas mettre en pratique ne servent à rien. L'instruction n'est pas une garantie de réussite; c'est l'application de l'instruction qui peut aider à réussir.

Il y a ensuite celui qui est illettré. Il n'a que peu ou point d'instruction. À cause de son manque de désir de s'instruire, lui et sa famille doivent subir les conséquences de son manque d'instruction pendant toute une vie.

Ces deux extrêmes illustrent un manque d'équilibre dans le domaine de l'instruction. Quelque part, entre ces deux extrêmes, on trouve l'équilibre parfait. Vous atteignez ce point en définissant vos buts et en planifiant une façon d'y arriver.

Il y a deux types de connaissances: les connaissances générales et la spécialisation. Les connaissances générales peuvent vous aider à devenir une personne qui se débrouille bien, mais elles ne vous permettront pas forcément de gagner votre vie. J'ai connu des gens qui savaient des tas de choses dans divers domaines et qui ne réussissaient absolument pas dans leur travail. Ils encombraient leur esprit avec tant de choses qui n'étaient pas importantes qu'il n'y restait plus de place pour les données dont ils avaient besoin pour gagner leur vie. Les connaissances qui vous guideront dans votre travail et qui seront à la base de la définition et de la planification d'un but sont les connaissances spécialisées. Si vous êtes une personne d'intelligence normale, si vous avez la volonté de travailler et le désir de vous spécialiser, vous pouvez réussir!

Bill Roberts vend des outils électriques. Mais ce n'est pas tout. Bill, si l'on en croit sa femme, mange des outils et dort avec des outils. Elle exagère peut-être, mais Bill consacre ses moments de liberté à se tenir au courant de tout ce qui se fait dans sa ligne.

Lorqu'une Compagnie concurrente a mis sur le marché une scie électrique moins chère que la sienne, il a dû réfléchir, mais pas longtemps. Pour en arriver à ce prix, le concurrent avait utilisé des paliers et autres pièces qui faisaient qu'en fait, cette scie n'était pas à la hauteur de la sienne. Bill a perdu une vente auprès d'un excellent client à lui quelques jours après la sortie de ce nouveau modèle. Il fit de son mieux pour persuader son client d'acheter sa marque, mais la différence de prix l'emporta sur la qualité. Lorsque l'outil brûla après surchauffe, le client revint vers son vendeur qui connaissait non seulement ses produits, mais ceux de la concurrence.

Un vendeur qui ne connaît que ses produits dispose d'une certaine connaissance mais celui qui connaît ses produits et tous ceux qui se trouvent sur le marché est spécialisé. Trop de vendeurs, malheureusement, ne connaissent même pas les produits qu'ils vendent. Sans cette connaissance, ils ne peuvent qu'échouer; s'il n'est pas spécialisé, un vendeur n'atteindra jamais les sommets de sa profession. Vous pouvez acquérir cette spécialisation par l'expérience et par l'étude, tout comme l'a fait Bill Roberts.

Chacun de nous devrait suivre au moins un cours par an. Une telle expérience empêche nos cerveaux de stagner et de ne plus produire et nous garde actif du point de vue intellectuel, ce qui nous permet de fonctionner à rendement maximum. On peut y arriver de plusieurs façons — en suivant des cours du jour ou du soir, des cours par correspondance ou en étudiant seul. Quelle que soit la formule choisie, l'important est de s'instruire de façon méthodique dans le but de se spécialiser. Essayez de persuader quelqu'un d'étudier avec vous. Vous vous rendrez compte que deux têtes étudient mieux qu'une. N'oubliez pas que « Si vous êtes une personne d'intelligence normale, si vous avez la volonté de travailler et le désir de vous spécialiser, vous pouvez réussir! »

SECTEUR QUATRE: LES LOISIRS

Avez-vous déjà connu quelqu'un de déséquilibré au niveau des loisirs? Il y en a deux types; le premier se « distrait » jusqu'à la catastrophe financière. Les loisirs dominent sa vie. Il veut s'amuser tout le temps, sans jamais accorder assez d'attention aux secteurs spirituel, financier et à l'instruction. Ce déséquilibre le rend malheureux, le frustre et la vie ne lui apporte pas grand-chose.

J'ai un excellent ami, Charles E. Pack, de Waco au Texas, qui a été, à un moment de sa vie, un déséquilibré de cet ordre. C'est l'un des hommes les plus doués que j'aie jamais rencontré.

Charlie peut tout faire! À l'école et au collège, il était un athlète remarquable; il est doué en musique; il joue très bien au golf; il a remporté des championnats de pêche; il peut vous battre dans tous les domaines — en commençant par les osselets et en finissant par les échecs.

La vie lui ayant offert autant de possibilités, Charlie avait un problème, car sa vie se centrait sur des secteurs récréatifs et les secteurs spirituels, financiers et de l'instruction en souffraient. Il était déséquilibré!

Charlie est venu me voir, il y a quelques années. Il m'a dit: « Glenn, cela fait maintenant six ans que je travaille dans l'assurance et ma situation est pire aujourd'hui qu'elle ne l'était il y a six ans. Soit que ça marche, soit que j'abandonne! Peux-tu m'aider? »

Je lui répondis, « Charlie, puisque tu me demandes de t'aider — je vais t'aider. » Bien que j'avais déjà essayé de l'aider à plusieurs reprises, rien n'avait changé.

Jésus a dit: « Que celui qui a des oreilles entende! » Nous avons tous des oreilles, mais peu d'entre nous entendent et comprennent la vérité lorsqu'elle nous est présentée. Il faut habituellement qu'un homme « touche le fond » pour que son esprit devienne réceptif et qu'il écoute les solutions proposées pour résoudre ses problèmes.

Bref, Charlie finit par entendre! Et comment! Il participa à une session de trois jours, qui eut lieu dans mon bureau, sur la définition et la planification des buts. Et à partir de ce moment-là, Charlie E. Pack est devenu un homme qui avait une mission à remplir dans la vie, à savoir qu'il devait devenir l'ün des plus grands vendeurs d'assurance-vie de notre époque.

Et c'est par l'équilibre qu'il y est arrivé. Grâce àux sessions de définition et planification des buts, tous les secteurs de la vie de Charlie ont pu reprendre la place qu'ils auraient toujours dû avoir — et l'équilibre s'est installé dans la vie de Charlie. Ensuite, nous avons continué à nous rencontrer une fois par semaine pour une « session de vérité », comme l'appelait Charlie. Le but de cette session était de le maintenir dans la bonne voie.

Aujourd'hui, Charlie est un champion dans le domaine de la vente d'assurance-vie et tout ce qu'il a eu à faire pour que tout change pour le mieux dans sa vie a été de mettre en pratique la méthode de Bland de la définition et de la planification d'un but, qui n'était encore que très vague dans mon esprit. Maintenant, je vous présente ma méthode. Qu'allez-vous en faire?

Alors que Charlie progressait, il a décidé d'écrire un article pour la revue mensuelle de sa Compagnie. Cet article reçut un tel accueil que la Life Insurance Agency Management Association d'Hartford au Connecticut a demandé la permission de le reproduire dans leur publication *Management Plans*. Voici un extrait de cet article. J'espère que vous y trouverez un message.

> Le fait d'avoir de nombreux contacts dans la région était un réel avantage et je me souviens qu'il n'y a pas très longtemps, l'un de mes amis me présenta à un étranger en disant: « M. Jones, j'aimerais vous présenter l'un des meilleurs pêcheurs de Waco. » Je pense que c'est à ce moment-là que j'ai commencé à comprendre. Je me suis demandé pourquoi mon ami ne disait pas que je travaillais dans l'assurance. Je n'ai pas eu à me poser cette question-là pendant longtemps. Je connaissais la réponse. Dans le domaine de la pêche, j'étais un champion; dans le domaine des assurances, je n'avais accompli aucun exploit.
>
> La question à laquelle il fallait maintenant que je trouve une réponse était : pourquoi est-ce que je réussissais à la pêche et non pas dans le domaine des assurances. Une fois de plus, la réponse était relativement simple. J'avais le meilleur attirail de pêche que l'on pouvait se procurer. Et lorsque je partais pour la pêche, je ne pensais à rien d'autre qu'à la pêche. C'est drôle de voir à quel point une personne peut avoir de la chance à la pêche ou à n'importe quoi d'autre lorsqu'elle ne pense à rien d'autre.
>
> Le 13 mai dernier, je décidais d'appliquer ces principes à ma vie professionnelle et de faire la même chose que lorsque je partais à la pêche.
>
> La façon dont je travaille maintenant, c'est que je me réveille à 7h du matin et que je suis au bureau à 8h. Tous les lundis, j'ai une « session de vérité » qui consiste à analyser les erreurs que j'ai pu commettre au cours de la semaine précédente et d'avoir de nouvelles idées pour la semaine qui

s'annonce. Et je planifie chacune de mes journées, y compris l'après-midi de congé. J'ai même recours à une psychologie inverse, en ce sens que je planifie mon travail par mois et par années, en commençant par ôter mes journées de congé. Par exemple, je retire les jeudis après-midi, les samedis et les dimanches. De cette manière, il devient évident que si je prends deux journées et demie de congé par semaine, je dois travailler encore plus les quatre autres journées et demie. Et il n'y a rien de mal à travailler fort. C'est en fait la seule façon d'atteindre des buts et de s'estimer. En travaillant de cette manière j'acquiers (1) une certaine grandeur professionnelle, (2) du prestige auprès de mes clients et (3) aucun sentiment de culpabilité lorsque je m'arrête de travailler.

Je me suis convaincu que quatre jours et demi par semaine, ce n'est pas mal. Et très rapidement, j'en suis arrivé au point où plus personne ne me demande plus d'aller à la pêche à l'exception des jeudis après-midi et des fins de semaines.

J'envoie des lettres de remerciement à la suite de chacun des rendez-vous et je suis toujours à la recherche de nouvelles idées. Il est évident que je ne fais que mettre en pratique les nombreuses idées et techniques de vente qui m'ont été enseignées au cours des six dernières années. Ce que je veux prouver, c'est que j'avais tout le matériel nécessaire pour réussir, mais que je ne m'en servais pas.

Je pense que le facteur qui a réellement influé sur ma réussite, c'est que moi, Charlie Pack, j'ai décidé d'écouter et d'essayer de faire ce que les autres ont fait pour réussir. Plus j'écris et plus c'est facile. C'est comme ça. Je pensais que gagner c'était battre quelqu'un ou se trouver en face de quelqu'un qui vous dit: «Charlie, tu es extraordinaire!» Mais je pense maintenant que la véritable définition du succès c'est «*Lorsqu'on se dit à soi-même qu'on a gagné et qu'on y croit.*»

Je tiens à remercier Charlie E. Pack, qui a bien voulu me permettre de raconter son histoire. S'il l'a fait, c'est qu'il veut vous aider. Il y a deux principes fondamentaux à retirer de cette histoire qui est arrivée à un homme maintenant multimillionnaire:

1. Le déséquilibre engendre malheur et frustration.
2. La méthode de Bland de la définition et de la planification des buts fonctionne véritablement.

Voyons maintenant le deuxième type de déséquilibre au niveau des loisirs. Cet homme est exactement à l'opposé de Charlie; il ne se distrait jamais. Il ne relève jamais la tête, car il n'a pas de temps à perdre pour des choses aussi futiles que les sports ou la détente. En même temps, il crée une atmosphère favorable à de sérieux ennuis.

Tout le monde connaît le vieux Tom. De la façon dont je vais vous le décrire, vous allez probablement penser que je suis en train de parler de quelqu'un que vous connaissez. Le vieux Tom n'est pas vieux — en âge — seules ses habitudes le sont.

La Compagnie pour laquelle il travaille ne saurait se passer de lui. Il arrive le premier et part le dernier. Il ne prend jamais de vacances. Pendant ses congés, il passe la moitié de son temps au travail. Il emmène même des choses à faire le soir chez lui. Et c'est tout ce que sa femme lui entend dire. Le matin, alors qu'il prend son petit déjeuner, il parle de ses problèmes.

Il n'est pas étonnant qu'on l'appelle le vieux Tom. Il est vieux — son travail le domine. Il est également vieux physiquement, car il ne fait jamais rien d'autre que travailler ou s'asseoir pour penser à son travail. La dernière fois qu'il a pris un peu d'exercice, c'est quand il a sauté à la conclusion. Sa Compagnie aura un jour à se débrouiller sans Tom et d'ici peu. S'il apprenait à se distraire, il prolongerait du même coup sa vie, il ferait entrer un peu de bonheur chez lui et croyez-le ou non, il serait bien plus précieux à sa Compagnie.

Ces deux cas extrêmes prouvent qu'une situation idéale est nécessaire, une situation équilibrée. La détente planifiée est très importante pour notre bien-être physique et moral. Un esprit sain dans un corps sain, travaillant en parfaite harmonie, sont nécessaires à la réussite.

Dans les chapitres cinq et six, on vous a donné plusieurs des principes de base de la définition et de la planification des buts. Il est tellement important de mener une vie équilibrée que vous devriez relire ces chapitres de temps en temps pour ne jamais en oublier les principes. La Bible dit: « Toute entreprise se construit par une sage planification, se renforcit par le bon sens et croît en se tenant au courant des faits » (Proverbes 24:3, 4).

Des buts et des plans bien définis sont importants pour vous, en tant qu'individu, mais ils sont également très importants en ce qui concerne votre famille. Fixez-vous des buts bien déterminés et établissez des plans précis pour les atteindre et vous serez en possession d'une force réelle. Vous trouverez de plus amples renseignements sur une planification familiale dans la section portant sur un plan d'action.

Pour le moment, souvenez-vous que vous devez choisir un but valable, que vous devez vous libérer de votre ancien personnage et que vous devez vous diriger vers ce but! Voyez-vous, personne ne peut arrêter un homme qui a un plan, car personne ne dispose d'un plan pour l'arrêter. Si vous réussissez à croire tout ce que vous avez lu jusqu'ici, rien ne vous est plus impossible — croyez et réussissez!

Avant de passer au chapitre suivant, faites des principes ci-dessous les vôtres.

1. Un équilibre dans les secteurs de l'instruction et des loisirs est essentiel au bonheur et à la réussite.
2. Le déséquilibre entraîne malheur et frustration.
3. Établissez des buts et des plans bien définis pour toute votre famille.

Lorsque vous aurez accepté ces principes, vous aurez franchi un autre pas énorme sur la voie de la réussite, d'une vie heureuse et prospère.

LES POINTS À RETENIR

- Les connaissances que l'on ne sait pas mettre en pratique ne servent à rien.
- Si vous êtes une personne d'intelligence normale, si vous avez la volonté de travailler et le désir de vous spécialiser, vous pouvez réussir.

- Choisissez un but valable, libérez-vous de votre ancien personnage et dirigez-vous vers votre but.
- Un esprit sain dans un corps sain, travaillant en parfaite harmonie, sont nécessaires à la réussite.
- Personne ne peut arrêter un homme qui a un plan, car personne ne dispose d'un plan pour l'arrêter.
- Croyez et réussissez!

7/Trente précieuses minutes

Nous vivons dans un monde très complexe! De nos jours, un homme ne se lève plus avant le soleil pour traire les vaches, ramasser les oeufs pour ensuite admirer un magnifique lever de soleil. Celui qui vivait de cette façon avait tout le loisir de rester en harmonie avec le monde qui l'entourait. La Nature lui rappelait sans cesse les lois naturelles établies par le Créateur. Il avait la preuve de ces forces extraordinaires dans la naissance d'un veau, l'éclosion d'un oeuf, la maturité d'un épi de blé. Il entendait les oiseaux chanter et le cri du grillon. Il voyait les oies sauvages se rassembler pour s'envoler vers le sud avant l'hiver et les écureuils ramasser des noix avant les premières neiges. Sa foi était liée à ce qu'il voyait et à ce qu'il vivait tous les jours. Il connaissait la paix intérieure et avait le temps de réfléchir. C'est son environnement qui lui apportait tout ça.

Voyons comment vit un homme du vingtième siècle. Il dort le plus possible et avale en vitesse une tasse de café en se précipitant au travail. Il se fraye un chemin dans les embouteillages du matin, tout en klaxonnant, en coupant les autres voitures, en s'arrêtant aux feux rouges et en faisant crisser ses pneus de façon à démarrer le plus vite possible. Il arrive au travail, cherche un endroit pour garer sa voiture, attend l'ascenseur et se retrouve finalement à son bureau, attendant les chances de la journée. Dans quel état d'esprit pensez-vous que se trouve l'homme du vingtième siècle? Je croirais qu'il n'est pas très positif ni très détendu.

Nous avons progressé, mais au fur et à mesure, nous avons perdu la paix et la sérénité que connaissaient nos ancêtres. Notre environnement moderne ne crée pas automatiquement l'atmosphère requise pour ralentir. Et par conséquent, nous passons à côté des choses merveilleuses que nous offre la nature et qui sont là pour que nous en profitions. Il existe probablement des personnes vivant à New York qui n'ont jamais vu d'herbe — leur monde en est un d'acier et de béton.

Quel que soit l'endroit où vous vivez ou travaillez, je veux vous enseigner comment retirer le plus possible de la vie que vous vivez. Vous pouvez m'y aider en mettant de côté trente minutes, tous les matins, pendant lesquelles vous pouvez être tout à fait seul pendant ce que j'appelle une période de foi. Thomas Edison a dit: « Pour penser de façon plus claire, un homme doit disposer de moments de solitude réguliers, lui permettant de se concentrer et de laisser courir son imagination sans être distrait. »

La période de foi représente une partie importante du processus de définition et planification des buts — sans la foi, aucun but ni aucun plan ne peut se concrétiser. Étant donné que la période de foi occupe une telle place dans la méthode de Bland pour la définition et la planification des buts, nous devrions faire un arrêt ici pour définir le mot *foi*. La Bible dit: « Qu'est-ce que la foi? Avoir la foi, c'est être sûr de ce que l'on espère, c'est être convaincu de la réalité de ce que l'on ne voit pas. » (Hébreux, 11:1). La foi, c'est ce qui vous reste une fois que tout est perdu. C'est la force de motivation la plus puissante du monde. Des millions de gens se tournent vers l'avenir, pleins d'espoir, à cause de leur foi. Souhaiter et espérer, sans la foi et la croyance, cela ne sert à rien.

L'enseignement de Jésus-Christ est basé sur la foi et la croyance. Il a dit que la foi est une force extraordinaire qui peut amener des choses agréables dans votre vie. Il a également dit que la plupart d'entre nous n'avait pas assez de foi. Il a déclaré: « Car si vous aviez la foi, même en quantité aussi infime qu'une graine de moutarde, vous pourriez dire à cette montagne « Bouge! » et la montagne se déplacerait. Rien ne serait impossible. » Avec cette déclaration, il nous a tous plus ou moins placé là où nous devons l'être. Avez-vous déjà vu une graine de moutarde? Avez-vous vu comme elle est minuscule? Une graine de moutarde est tellement petite que vous pourriez en mettre plusieurs centaines dans une cuillère à café. Imaginez alors, si l'on pouvait développer notre foi un tout petit peu, ce que nous serions capables d'accomplir!

C'est à cela que sert la période de foi. Son seul but est de vous aider à augmenter la foi dont vous disposez, ce qui vous permettra de réaliser des choses incroyables. Nous allons voir maintenant comment diriger cette période de foi personnelle. Il s'agit là d'une partie vitale du programme de définition et de planification des buts, et vous devez l'intégrer à votre routine journalière.

La période de foi devrait être une chose toute personnelle. Son but est de vous mettre en harmonie avec le Dieu intelligent et infini de l'univers. C'est en lui que résident, cachés, tous les trésors illimités de sagesse et de connaissance. La période de foi vous apportera l'inspiration — et n'oubliez pas que rien n'a jamais pu être accompli sans l'inspiration.

Vous devez tout d'abord prendre l'habitude de vous lever de bonne heure. Il fut un temps où je faisais sonner mon réveil 30 minutes avant de commencer mon travail. Je me réveillais et me dépêchais pour arriver à mon travail totalement incapable de saisir les chances de la journée et de faire face aux frustrations. Les premières heures de la journée sont les plus importantes. Si elles se passent bien, la journée se passera bien.

Maintenant, je me lève tous les jours à 5h30 et je commence tranquillement à me préparer pour la journée qui s'annonce. Sous la douche, alors que l'eau tiède m'aide à me détendre, je pense de façon positive. Je suis content d'être en vie et de pouvoir aider mon prochain. Je suis reconnaissant d'avoir les amis et les associés que j'ai. Je suis content de la vie que je mène. J'attends cette nouvelle journée avec impatience, à cause de toutes les choses agréables qui vont m'arriver. Je déjeune lentement, puis je me dirige vers le bureau, où j'arrive vers 6h30. Le fait d'aller au bureau à cette heure-là de la journée vous donne un merveilleux sentiment de puissance et d'autorité. À cette heure-là de la journée, vous êtes probablement la seule personne se rendant à son travail parce qu'elle le veut bien. Tous les autres que vous voyez y vont parce qu'ils doivent y aller. Quelle différence!

La beauté et la paix des petites heures du matin vous pénètrent tranquillement. Vous sentez, littéralement, que vous êtes en avant de tous les autres et c'est vrai! Vous avez l'impression que le monde est à vous. Il l'est! Vous pensez pouvoir vaincre tous les obstacles se trouvant entre vous et votre but. C'est vrai! En prenant l'habitude de vous lever de bonne heure, vous avez le même avantage dans la vie que le coureur d'un cent mètres à qui l'on aurait permis de commencer avec dix mètres d'avance sur les autres. Il les dépasse tous dès le départ et grâce à un effort maximum, il restera en tête et gagnera la course. La Bible dit: « Si vous aimez dormir, vous finirez vos jours dans la pauvreté. Restez éveillé, travaillez dur et vous aurez à manger. » (Proverbes 20:13).

Un autre point important est que j'ai pris l'habitude de complimenter ceux que je rencontre le matin de bonne heure. Ces compliments donnent un élan remarquable à ceux qui les reçoivent, mais j'en profite également, car j'en retire beaucoup de paix intérieure. J'essaie toujours de voir quelqu'un en allant au bureau et de faire de cette rencontre quelque chose d'agréable — l'employé de la station-service, qui fait le plein d'essence, le liftier, etc. — ils sont tous importants et j'essaie de faire entrer un peu de joie et de bonheur dans leur vie. Vous rendez-vous compte que je suis peut-être la seule personne à leur adresser un mot gentil dans toute leur journée? Prenez la décision de vous lever de bonne heure, de prendre votre temps, d'être gai avec tout le monde et vous aurez beaucoup d'amis.

Vous pensez peut-être: « Je n'arriverai jamais à me lever de bonne heure ni à être agréable! Moi je me lève tard. » Je vais vous rassurer. J'ai moi aussi, pensé de cette manière. Apprendre à se lever de bonne heure implique la prise d'une nouvelle habitude et vous devez en payer le prix. Mais une fois cette habitude ancrée en vous, vous vous demanderez comment vous avez pu faire pour vivre autrement. Vous découvrirez que les petites heures du matin et la période de foi sont les plus agréables et les plus importantes de la journée.

C'est pendant les premières heures du jour que votre esprit est reposé et le plus disponible car il sort tout juste d'une bonne nuit de sommeil. Il n'est pas encombré d'un millier de détails peu importants qui s'accumulent alors que la journée avance. C'est le matin que l'on pense le mieux. Apprenez à vous lever de bonne heure, quelles que soient vos habitudes actuelles.

Lorsque j'arrive au bureau à 6h30, je passe immédiatement à ma période de foi. Je ferme la porte et je n'allume qu'une seule lampe de façon à me retrouver dans une atmosphère privée, détendue et propre à la méditation. Une fois le décor en place, voici ce que je fais:

Je m'assois dans une chaise confortable, j'appuie ma tête sur le dossier et me concentre à relaxer totalement mon corps. Une relaxation complète du corps libère l'esprit et le prépare à une méditation profonde. Par la pensée, je m'adresse aux différentes parties de mon corps, en commençant par les orteils:

Mes orteils sont entièrement détendus;
Mes pieds sont entièrement détendus;
Mes jambes sont entièrement détendues;
Mes hanches sont entièrement détendues;
Mon ventre est entièrement détendu;
Mon thorax est entièrement détendu;
Mon cœur est entièrement détendu;
Mes mains sont entièrement détendues;
Mes bras sont entièrement détendus;
Mon cou est entièrement détendu;
Mon visage est entièrement détendu;
Mon esprit est entièrement détendu;
Mon corps au complet est maintenant entièrement détendu et prêt à la méditation — entièrement détendu.

Lorsque mon corps atteint le point de relaxation totale, je lis ce qui suit:

Seigneur, aide-moi à ralentir!
Ralentis le rythme de mon coeur
En apaisant mon esprit.
Détends le rythme de mes pas
Par la vision de l'éternité.
Donne-moi
Au milieu de la confusion de la journée,
Le calme des montagnes éternelles.
Brise la tension de mes nerfs
Par la musique apaisante des ruisseaux
Qui vivent dans ma mémoire.
Aide-moi à connaître

La puissance réparatrice du sommeil.
Enseigne-moi l'art
De prendre une minute de vacances
Pour admirer la beauté d'une fleur;
Pour parler à un ami;
Pour en faire de nouveaux;
Pour caresser le chien qui passe;
Pour admirer l'araignée faire sa toile;
Pour sourire à l'enfant;
Ou pour lire quelques lignes
D'un livre admirable.
Rappelle à mon souvenir, tous les jours,
Que le gagnant de la course n'est pas toujours le plus rapide;
Qu'il y a plus à faire dans la vie, qu'augmenter sa vitesse.
Laisse-moi relever la tête
Et admirer les branches du chêne;
Car il est grand et il est fort
Et qu'il a poussé bien et lentement.
Seigneur, aide-moi à ralentir,
Et aide-moi à enfoncer profondément mes racines
Dans le sol des valeurs durables de la vie
Pour que je puisse atteindre les étoiles
de ma destinée. »

Maintenant, mon esprit est prêt à accepter des pensées inspirées. Le poème ci-dessus devrait être appris par coeur, ce qui est inévitable à force de répétitions. Je poursuis ma période de foi en lisant le 91ème Psaume de la Bible:

Celui qui demeure sous l'abri du Très-Haut
Repose à l'ombre du Tout-Puissant.
Je dis à l'Éternel: Mon refuge et ma forteresse,
Mon Dieu en qui je me confie!
Car c'est lui qui te délivre du filet de l'oiseleur
De la peste et de ses ravages.
Il te couvrira de ses plumes,
Et tu trouveras un refuge sous ses ailes;
Sa fidélité est un bouclier et une cuirasse.
Tu ne craindras ni les terreurs de la nuit,
Ni la flèche qui vole de jour,

Ni la peste qui marche dans les ténèbres,
Ni la contagion qui frappe en plein midi.
Que mille tombent à ton côté,
Et dix mille à ta droite,
Tu ne seras pas atteint.
De tes yeux seulement tu regarderas,
Et tu verras la rétribution des méchants.
Car tu es mon refuge, ô Éternel!
Tu fais du Très-Haut ta retraite.
Aucun malheur ne t'arrivera,
Aucun fléau n'approchera de ta tente.
Car il ordonnera à ses anges
De te garder dans toutes tes voies;
Ils te porteront sur les mains,
De peur que ton pied ne heurte contre une pierre.
Tu marcheras sur le lion et sur l'aspic,
Tu fouleras le lionceau et le dragon.
Puisqu'il m'aime, je le délivrerai;
Je le protégerai, puisqu'il connaît mon nom.
Il m'invoquera, je lui répondrai;
Je serai avec lui dans la détresse,
Je le délivrerai et je le glorifierai.
Je le rassasierai de longs jours
Et je lui ferai voir mon salut.

Vous ne devriez pas placer votre foi en un homme. L'homme n'en sera pas à la hauteur, car il est imparfait de nature. Ceux que vous aimez vous abandonneront, car ils ne sont que des êtres humains et qu'ils sont incapables de comprendre parfaitement et d'aimer d'un amour parfait. L'homme vous décevra et ce, à plusieurs reprises. De nombreuses personnes avec qui j'ai eu l'occasion de parler et qui avaient emprunté la mauvaise voie dans la vie, ne l'ont fait que parce qu'elles avaient l'impression que quelqu'un les avait trompées. Alors, ne placez pas votre confiance en l'homme et vous aurez la force nécessaire pour faire face à l'adversité. Placez votre foi en ces principes et ils vous soutiendront.

Emerson a déclaré un jour: « Seul, un homme est sincère; c'est à l'arrivée d'un autre que l'hypocrisie commence. » La période de foi est un moment où vous avez l'occasion de pouvoir être sincère avec vous-même. Un homme a besoin de se retrouver seul avec son Créateur tous les jours. Cela l'aide à garder la vie dans une perspective adéquate.

Je continue ma période de foi en communicant avec Dieu par la pensée. Les gens m'ont demandé: « Comment faites-vous? » Et voici la réponse que je leur ai donnée et la méthode que j'utilise. Je m'imagine que le Créateur est assis sur une chaise, dans la même pièce que moi. Je m'imagine que c'est mon meilleur ami et je lui parle, tout simplement, par la pensée. Je m'imagine qu'il n'est pas seulement mon ami le meilleur et le plus loyal, mais qu'il est également le plus sage. Il connaît toutes les réponses. Lorsque je lui parle, je le fais de la façon suivante:

- Le Créateur est celui qui pardonne. Il n'y a aucune raison pour que l'homme porte le fardeau de ses erreurs tout au long de sa vie. Si je me suis trompé, j'en parle avec Lui, en Lui demandant de m'en enlever le poids — et c'est ce qu'Il fait. Après, mon esprit est libre et peut travailler et créer. Le Créateur a prévu, dans son plan, d'absoudre vos fautes.
- Ensuite, je Le remercie pour toutes les choses agréables qui me sont arrivées la veille.
- Puis mes pensées se tournent vers l'intérêt des autres. Je parle de ceux que j'aime, de ceux qui sont dans le besoin, des malades — et de ceux que je n'aime pas. Il n'y a plus à faire la preuve que votre propre attitude se modifie pour le mieux lorsque vous êtes conscient des besoins des autres.
- Puis mes pensées se tournent vers mes besoins personnels, qu'il s'agisse de problèmes ou d'occasions. Par la pensée, je demande des réponses et des résultats, en citant la promesse qui m'a été faite: « C'est pourquoi je vous le dis: Quand vous priez pour demander quelque chose, croyez que vous l'avez reçu, et cela vous sera donné. » (Marc 11:24). Nous avons eu une autre promesse: « Demandez et vous recevrez; cherchez et vous trouverez; frappez et l'on vous ouvrira la porte. Car tout homme qui demande reçoit, celui qui cherche

trouve, et l'on ouvre la porte à celui qui frappe.» (Matthieu 7:7, 8).

ATTENDEZ-VOUS À UN MIRACLE!

Une fois terminée la partie méditation de la période de foi, le moment est venu de programmer votre esprit par une répétition de vos buts et plans. Si vous affichez vos buts devant vous, pour les voir tous les jours, vous pouvez être assuré qu'ils se concrétiseront. Comment y arriver? Vous pouvez commencer en vous répétant des ordres qui vont de votre esprit conscient à votre esprit inconscient en vue de développer votre foi. Votre esprit conscient peut programmer votre esprit inconscient; et l'esprit inconscient transforme les pensées en réalité. Vous programmez l'esprit inconscient en répétant continuellement l'information d'entrée. La répétition grave, de manière indélébile vos pensées conscientes sur l'esprit inconscient. Il est essentiel de bien comprendre votre esprit subconscient si vous voulez réussir un programme de définition et de planification des buts.

On peut comparer votre subconscient à une terre très fertile. Le sol se moque de ce que l'on y plante. C'est au fermier de faire le choix. La terre prend ce qu'on y a planté, le fait pousser et le rend en abondance. N'oubliez pas que votre subconscient se moque de ce que vous y plantez. Cela ne dépend que de vous. Vous pouvez y planter le bien ou vous pouvez y planter le mal. Les deux y pousseront tout aussi bien.

Le subconscient ne peut choisir. Il ne peut qu'agir à partir de l'information qu'il reçoit. Votre corps physique et votre esprit conscient doivent dormir pour reprendre des forces, mais le subconscient ne s'endort jamais. Il est à l'œuvre vingt-quatre heures par jour. Le subconscient représente le lien entre la pensée d'une personne et l'entrepôt immense de la connaissance et de l'expérience accumulées, offertes à tous. Et que se passe-t-il lorsque la sagesse humaine et les bonnes intentions ne suffisent plus — lorsque l'on arrive au bout de nos ressources pour la résolution d'un problème? C'est à ce moment-là que la personne qui se trouve sur la même longueur d'onde que Dieu peut profiter des ressources infinies promises (Jacques 1:5): «Cependant, quelqu'un d'entre vous manque de sagesse, qu'il la demande à Dieu, qui la lui donnera; car Dieu donne à tous chaleureusement et avec bienveillance.» La réponse peut vous arriver alors que vous ne l'attendez pas. Vous pouvez être en train de lacer vos souliers, de marcher, de conduire votre voiture lorsque la réponse vous frappe comme l'éclair! Lorsque la réponse arrive enfin, elle est si claire et si simple que vous vous demandez pourquoi vous n'y avez pas pensé plus tôt.

C'est ainsi que travaille le subconscient et je ne vous expliquerai pas en détail pourquoi. Mon but n'est pas de vous enseigner comment faire une montre, je ne veux que vous apprendre comment pouvoir dire l'heure. Je vais vous dire comment programmer votre subconscient par des méthodes que vous utiliserez lors de la période de foi et à différentes reprises au cours de la journée.

Maintenant, lisez la section portant sur un plan d'action. Jetez ensuite un coup d'oeil sur votre programme d'activités mensuelles, puis vérifiez votre programme d'activités hebdomadaires pour voir si vous y avez bien inscrit tous les éléments et tous les détails prioritaires. L'étape suivante est de transférer les plans du programme d'activités hebdomadaires au programme d'activités quotidiennes, puis de passer à l'action — concrétisez vos idées !

Il y a une autre chose que vous devez faire pour réussir dans votre programme de définition et planification des buts — c'est utiliser une carte de foi. Vous trouverez comment préparer votre propre carte de foi à la fin de la section portant sur le plan d'action. Vous devriez porter cette carte de foi en permanence sur vous et la relire trois fois par jour — avant le petit déjeuner, au déjeuner et juste avant de vous coucher, le soir. Vous trouverez également comment préparer votre tableau de visualisation sur lequel vous inscrirez vos buts, de façon à les avoir tous les jours sous les yeux.

Je vous ai expliqué en détail comment je fais lors de ma période de foi. Cet exemple devrait vous aider à préparer la vôtre. Prenez trente minutes tous les jours et trouvez un endroit où vous pourrez vous isoler tous les matins, puis suivez la méthode établie. Si vous le faites, votre vie s'améliorera immédiatement et après dix à trente jours, vous constaterez déjà que des choses extraordinaires vous arrivent. Sans cette période, il est peu probable que vous atteigniez un jour votre plein potentiel de personne heureuse et prospère, menant une vie équilibrée. La vie n'est rien d'autre qu'une succession d'opportunités et la période de foi vous aidera à en tirer profit. Cessez de penser aux choses qui vous angoissent et ayez la foi! « Je t'instruirai et te montrerai la voie que tu dois suivre; Je te conseillerai, j'aurai le regard sur toi. » (Psaumes 32:8). Vous y arriverez si vous avez la foi!

Avant de passer au chapitre suivant, faites des principes ci-dessous les vôtres:

1. Il vous faut trente précieuses minutes tous les matins, pour méditer, planifier et organiser les activités de la journée.
2. Vous devez mettre au point et élaborer une méthode que vous suivrez pendant votre période de foi.
3. Alors que votre foi augmente, vos actions sont plus nombreuses.
4. Pendant la période de foi, vous pouvez programmer votre esprit pour le bonheur et la réussite.

Lorsque vous aurez accepté ces principes, vous aurez franchi un autre pas énorme sur la voie de la réussite, d'une vie heureuse et prospère.

LES POINTS À RETENIR

- Sans la foi, aucun but ni plan ne peut se concrétiser.
- La foi, c'est ce qui vous reste une fois que tout est perdu.
- Souhaiter et espérer, sans la foi et la croyance, cela ne sert à rien.
- Rien n'a jamais pu être accompli sans l'inspiration.
- Les premières heures de la journée sont les plus importantes.
- Placez votre foi dans le Créateur et en ses promesses et vous aurez la force de supporter l'adversité.
- Ayez toujours vos buts sous les yeux et ils se concrétiseront.
- La répétition grave, de manière indélébile, de vos pensées conscientes sur l'esprit inconscient.

- Toutes les ressources de la connaissance et de l'expérience de l'homme et la sagesse de Dieu sont disponibles à tous ceux qui sont en accord avec le Créateur.
- La vie n'est rien d'autre qu'une succession d'opportunités et la période de foi vous aidera à en tirer profit.
- Cessez de penser aux choses qui vous angoissent et ayez la foi.
- Vous y arriverez si vous avez la foi!

8/Des marchandises inestimables qui sont à votre portée

L'homme qui maîtrise les relations humaines n'a pas de prix. Tout le monde se l'arrache. Les chances offertes à celui qui peut plaire aux autres ne se comptent pas. Les secteurs de l'industrie et des affaires récompensent largement celui qui obtient, avec expertise, des résultats positifs à travers les autres. Le monde privé des affaires recherche constamment la personne spéciale qui possède cet extraordinaire talent d'amener un client éventuel à ne vouloir faire affaires qu'avec lui et personne d'autre. Le domaine de la vente offre des possibilités de gains extraordinaires pour celui qui décroche de nouveaux contrats, qui aime sincèrement les gens et peut obtenir des résultats positifs par l'intermédiaire des autres. Oui, être maître dans le domaine des relations humaines ouvre de nombreuses portes vers des opportunités illimitées.

En dépit des chances incroyables que cela offre, combien de personnes de votre connaissance ont développé ce talent merveilleux? Très peu!

J'ai eu la chance et le plaisir de travailler avec des gens de tous les niveaux sociaux. Je me suis déjà assis autour de tables de conférence immenses, dans des salles remplies de fumée, au sein des corporations les plus connues d'Amérique et j'ai aidé à la mise au point de plans visant à gagner des millions de dollars de profits. Mais d'un autre côté, je me revois aussi poser des kilomètres et des kilomètres de pipelines à travers le désert du Texas, travaillant par des chaleurs de 45°C.

Mais, malgré toute cette expérience, je ne pense pas avoir rencontré plus d'une poignée d'hommes que j'appelle maître en relations humaines. J'ai remarqué, sans aucune exception, que les hommes qui possèdent ce merveilleux talent sont en route vers les sommets de la réussite ou des hommes qui les ont déjà atteints.

Pourquoi ces hommes qui maîtrisent les relations humaines réussissent-ils si bien? Pourquoi les aime-t-on tant et sont-ils aussi bien acceptés par les autres? Pourquoi la chance a-t-elle toujours l'air de leur sourire? C'est parce qu'ils ont appris et accepté une règle, un principe très simple qui est à la base des relations avec les autres. Certains l'appellent *La Règle d'Or:* « Fais aux autres ce que tu aimerais que l'on te fasse. »

En appliquant avec enthousiasme ce principe à votre vie de tous les jours, vous enrichirez la vie de ceux qui vous entourent. Mais la plus grande récompense, c'est vous qui la recevrez. À chaque action correspond une réaction. Si l'action est bonne, la réaction sera bonne. Mais si au contraire l'action est mauvaise, la réaction sera mauvaise.

En appliquant ce principe, vous permettrez au bien d'émaner de vous. Et en échange, le bien vous sera rendu sous forme de bonheur et prospérité. Les gens avec lesquels vous serez en contact feront subitement partie de votre «fan club». Ils voudront faire partie de votre équipe, ce qui éventuellement vous permettra d'atteindre les sommets. C'est en traitant les autres de la façon que vous aimeriez être traité que vous obtiendrez d'eux qu'ils fassent tout ce qui est en leur pouvoir pour vous aider à atteindre vos buts.

Vous pouvez rencontrer des gens qui n'agiront pas conformément à ce principe. Dans un tel cas, faites un effort et faites-leur comprendre ce principe avec patience. Traitez ces personnes exactement comme si elles étaient telles que vous les vouliez et vous verrez qu'elles feront les efforts requis pour devenir ce que vous attendez d'elles. Ce principe est très efficace lorsque vous avez affaire avec vos supérieurs. J'ai vu des présidents de Compagnie tyranniques et refusant de collaborer, grâce à ce principe, se transformer en personnes douces qui ne savaient plus quoi faire pour plaire. Je vous répète ce principe: « Si vous traitez une personne comme si elle était telle que vous la vouliez, vous verrez qu'elle fera les efforts requis pour devenir ce que vous attendez d'elle. »

Essayez — ça marche!

Voyons un peu maintenant ce qu'est un maître en relations humaines. Cet homme est un leader. Il est heureux. Il est très prospère. Il est tout ce que vous aimeriez être. Étudions sa personnalité intérieure et son comportement avec les autres. Essayons de découvrir pourquoi il réussit si bien à se faire aimer de tous. Essayez de vous mettre à sa place et voyez si vous aimeriez cela.

LE PORTRAIT D'UN MAÎTRE EN RELATIONS HUMAINES

1. *Il donnera l'impression d'être simple, mais il sera sage.* L'auteur français, Montesquieu, a dit: « J'ai remarqué que pour réussir, dans le monde, un homme doit donner l'impression d'être simple, mais qu'il doit être sage. » Si vous donnez l'impression de simplicité, les autres auront tendance à sous-estimer vos possibilités et vous offriront la chance de traiter avec eux au moment où ils ne se méfieront pas. Si vous êtes connu comme homme d'esprit, à la répartie vive, les autres prépareront immédiatement une défense pour l'assaut moral qu'ils s'attendent à recevoir de vous. En ayant l'air d'être simple, mais en étant sage, vous pouvez littéralement atteindre vos buts avant même que les autres ne s'aperçoivent de quoi que ce soit et pourtant, tout le monde sera heureux. Vous avez déjà vu de ces gens qui réussissent, mais qui sont tellement pleins d'eux-mêmes qu'ils en sont arrogants et vaniteux. Leurs associés ne les aiment pas et ne les admirent pas et ils n'attendent que la première occasion pour les écraser. Leurs jours sont comptés! Le roi David a dit: « J'ai vu le méchant dans toute sa puissance; il s'étendait comme un arbre verdoyant. Il a passé, et voici, il n'est plus; Je le cherche, et il ne se trouve plus. Observe celui qui est intègre, et regarde celui qui est droit; car il y a une postérité pour l'homme de paix. Mais les rebelles sont tous anéantis, la postérité des méchants est retranchée. » (Psaumes 37:35-38). Même si parfois la situation n'a rien d'encourageant, le bien finit toujours par prévaloir; il s'agit d'une loi naturelle. « Le méchant sert de rançon pour le juste, et le perfide pour les hommes droits. » (Proverbes 21:18).

2. *Il sera humble.* Il ne se gonflera pas d'orgueil au point d'en offenser les autres. Il acceptera ses exploits pour ce qu'ils valent et non pas comme quelque chose qui le place au-dessus des

autres. Il aura un contrôle constant de son humeur, car un tempérament vif, un mauvais caractère affecte le jugement et les relations avec les autres. On trouve dans la Bible: «Car quiconque s'élève sera abaissé, et celui qui s'abaisse sera élevé.» (Luc, 14:11). L'une des caractéristiques les plus importantes de l'homme qui maîtrise l'art des relations humaines est l'humilité, trait de caractère que tout le monde respecte.

3. *Il s'intéressera franchement à son prochain.* Il traitera chaque individu avec très grand respect, quel que soit le statut social de cet individu. Tout individu est important car il sait que chaque homme est fils de Dieu et qu'il a un service à rendre à l'humanité. Il est celui avec qui vous pouvez parler et partager vos secrets les plus intimes. Il prendra le temps de vous écouter et il peut vous donner de bons conseils. Il peut sincèrement aimer son prochain. Il fait preuve de sympathie. «Que la charité soit sans hypocrisie. Ayez le mal en horreur; attachez-vous fortement au bien. Par amour fraternel, soyez pleins d'affection les uns pour les autres ; par honneur, usez de prévenance réciproque.» (Romains 12:9, 10).

4. *Il sera honnête et franc dans les affaires et dans sa vie personnelle.* Pour réussir à travailler avec les gens vous devez être honnête et franc dans tous les aspects de votre vie. Dans l'Épître aux Romains 12:17, nous trouvons: «Recherchez ce qui est bien devant tous les hommes.» Ne laissez aucune place au doute. Si vos amis et associés vous savent honnête, ils vous confieront d'énormes responsabilités concernant les affaires et les finances. L'honnêteté et la franchise vont de pair. Vous ne pouvez avoir l'une sans l'autre.

Dieu a dit: «Voici ce que vous devez faire: dites la vérité chacun à son prochain; jugez dans vos portes selon la vérité en vue de la paix; que nul en son cœur ne pense le mal contre son prochain, et n'aimez pas le faux serment, car ce sont-là toutes choses que je hais, dit l'Éternel.» (Zacharie 8:16-17).

Si vous êtes honnête et franc dans toutes vos relations avec les autres, vous serez richement récompensé. Si vous apprenez à vous occuper sagement des sous des autres, on vous donnera un jour l'occasion de vous occuper de leurs fortunes. Les occasions se présentent à l'homme honnête et franc. «Son maître lui dit: C'est bien, bon et fidèle serviteur; tu as été fidèle en peu de choses, je te confierai beaucoup; entre dans la joie de ton maître.» (Matthieu 25:23).

5. *Il ne se mêle pas de commérages et calomnies.* Il sait que les commérages sont répandus par les gens à l'esprit mesquin. «Le premier qui parle dans sa cause paraît juste; vient sa partie adverse, et on l'examine.» (Proverbes 18:17). Si vous ne pouvez vous empêcher de commérer, allez au bord de la mer et inscrivez ce que vous avez à dire sur le sable, au bord de l'eau, pour que la marée l'emporte pour toujours. Les commérages inutiles détruisent les autres et vous détruisent lorsqu'ils prennent trop de place dans votre esprit. Si vous êtes incapable de parler en bien d'une personne — taisez-vous! Vous serez bien plus heureux et bien plus sage!

6. *Il reconnaîtra le mérite des autres et les en louera.* L'une des façons les plus faciles de perdre la loyauté et le soutien des autres est de s'attribuer tout le mérite d'une action. Ne vous mettez pas dans le tableau. Louez les autres. En échange, ils vous loueront plus que vous-même ne pourrez jamais le faire. Laissez les louanges aux autres et prenez l'argent. «Qu'un autre te loue et non ta bouche.» (Proverbes 27:2). C'est là quelque chose de très difficile, mais les louanges ne vous déserteront pas si vous les méritez réellement.

7. *Il sera patient et gentil.* Vous devez être patient. Les jeunes sans expérience ne comprennent pas la puissance extraordinaire de la patience. Ils veulent que tout arrive hier. Récemment, j'ai vu un dessin animé qui m'a fait penser à celui qui fait preuve d'impatience face à la vie. Deux vautours se regardaient, posés sur les restes d'un arbre mort en plein désert. La légende disait: «Au diable la patience. Et si on tuait quelqu'un?» Il semble que ce soit là l'attitude de bien des gens qui ne comprennent absolument pas la force de la patience.

Disraéli a dit: «Tout arrive, à condition que l'on sache attendre. J'en suis arrivé à croire, grâce à la méditation qu'un être humain qui s'est fixé un but doit l'atteindre et que rien ne peut vaincre une volonté inébranlable.»

Une autre vertu qu'il est important de posséder est la gentillesse. Ce trait de caractère aidera les autres à vous aimer et vous apportera la paix intérieure que l'on ne peut trouver autrement. Vous êtes la personne qui bénéficie le plus de sa gentillesse. « L'homme bon fait du bien à son âme, mais l'homme cruel trouble sa propre chair. » (Proverbes 11:17).

8. *Il sera loyal et juste.* Vos associés et vos amis peuvent accepter pratiquement n'importe quoi à condition qu'ils aient l'impression que vous les traitez avec loyauté et justice. Les gens n'acceptent pas l'injustice. Ils n'acceptent pas les services rendus à une personne en particulier et pas aux autres. Le favoritisme détruit l'harmonie d'un groupe au complet — qu'il s'agisse d'associés ou d'amis. Ils pensent: « Ce qui est bon pour lui devrait l'être pour moi. » Et ils ont raison. Offrez à tous les mêmes chances et laissez les efforts de chacun décider des résultats. Les récompenses doivent être basées sur les résultats!

Un maître en relations humaines doit aussi être juste. Il doit être en possession de tous les faits concernant une situation donnée, évaluer toutes les solutions possibles, puis prendre la meilleure décision, basée sur les faits et s'y tenir. Lorsqu'un associé ou un ami quitte le bon chemin, il doit absolument empêcher que cela ne se produise.

J'ai pu observer des hommes haut placés ignorer un ami ou un associé se dirigeant sur la mauvaise voie. Ils ont tout simplement refusé d'aider. Ils donnaient comme excuse: « Je ne veux pas m'en mêler. » Leur attitude disait: « Qu'il coule, c'est son problème, J'ai assez des miens. » Invariablement, l'ami qui touche le fond de l'abîme finit par s'en sortir et demander: « Pourquoi ne m'as-tu pas dit que je faisais fausse route? » C'est là une question à laquelle il est difficile de répondre.

Si vous connaissez quelqu'un qui, d'après vous, fait fausse route, vous devez lui offrir votre aide et lui donner quelques conseils, ne serait-ce qu'une fois — vous le lui devez. Vous ne pourrez que vous en féliciter de l'avoir fait. Si vous traitez les autres avec loyauté et justice, ils vous en seront toujours reconnaissants. « Le poids et la balance justes sont à l'Éternel; tous les poids du sac sont son ouvrage. » (Proverbes 16:11).

9. *Il critiquera et acceptera les critiques constructives.* Si vous vous trouvez dans une situation où les autres vous aident à obtenir des résultats positifs, il vous arrive d'avoir à critiquer de

façon constructive. La critique constructive n'a qu'un seul but —celui d'aider les autres. On ne doit jamais y avoir recours pour blâmer les autres, mais plutôt pour arriver à des solutions dans des moments difficiles que traversent toutes les personnes d'action. Les seules personnes qui n'ont pas à faire face à des tas de problèmes sont celles qui ne font rien. Les autres — les gens d'action — ont à faire face, tous les jours, à une quantité de problèmes.

Le maître en relations humaines doit également savoir accepter la critique constructive. Il doit écouter les plaintes qu'ont à formuler les autres, en tirer la vérité et en profiter. Tout ceci aide un homme à progresser sur le plan personnel et sur le plan professionnel. Si vous devenez assez « important » pour ne plus avoir de temps à consacrer à l'écoute des critiques qu'ont à vous faire les autres, vous ne serez pas « important » longtemps. Lorsque ces critiques viennent de quelqu'un que vous respectez, elles vous aident à demeurer humble et productif. Acceptez-les avec joie. « Ouvre ton coeur à l'instruction, et tes oreilles aux paroles de la science. » (Proverbes 23:12).

10. *Il se conduira avec décence.* Personne n'est parfait et tout le monde se trompe, alors ne vous attendez pas à ce que vos amis et associés traversent la vie sans jamais se tromper. Ils commettront des erreurs tout comme vous en commettrez, car nous sommes tous humains.

Tous les jours, vous devez faire des efforts pour vivre dans les limites des lois implicites de Dieu. De temps en temps, vous échouerez mais lorsque cela vous arrivera, remettez-vous sur la bonne route. C'est ça qui est important. Si vous étudiez la vie du roi David, l'un de ceux que Dieu a le plus chéri, vous verrez que c'était un gredin. Il s'écartait toujours du droit chemin, mais il était conscient de sa faiblesse humaine et, en reconnaissant ses erreurs, il se replaçait sur la bonne voie. Dieu et son peuple l'ont bien aimé.

Si les autres se rendent compte qu'au fond, vous êtes une bonne personne, ils ne s'attarderont pas aux erreurs que vous pouvez commettre; ils porteront plutôt leur attention sur les bienfaits dont vous êtes l'auteur. Vous ne pouvez pas être un maître en relations humaines et mener une vie dépravée — les autres ne vous respecteraient pas et ne vous suivraient pas. « L'homme de bien obtient la faveur de l'Éternel. » (Proverbes 12:2).

11. *Il se montrera généreux envers les autres.* Nous ne parlons pas ici de générosité au sens matériel du terme. Nous entendons par « généreux » celui qui s'offre aux autres. Son personnage ne se met pas en travers du chemin — les autres passent en premier.

Je me souviens très bien du temps où j'étais entraîneur d'une équipe de football. J'avais la chance d'avoir sous mes ordres plusieurs autres excellents entraîneurs. Étant donné que nous étions payés pour une année scolaire de neuf mois, il fallait que chacun d'entre nous se trouve un emploi rémunéré pour l'été. Je m'assurais toujours que chacun de mes assistants se soit trouvé un emploi avant de commencer à m'en trouver un. C'est là un exemple très simple, mais c'est ce que l'on appelle « placer les autres en premier ». Ces entraîneurs étaient très importants, en ce qui me concernait. Je n'aurais jamais pu réussir sans leur soutien et sans leur loyauté; c'est pourquoi je m'assurais toujours qu'ils étaient satisfaits. Le résultat — ils se sont tellement occupé de moi que je me suis retrouvé avec le meilleur emploi d'été que j'aie jamais trouvé. Ils m'ont également rendu la générosité dont je faisais preuve à leur égard en gagnant les parties de football!

Ne pensez plus à recevoir. Montrez-vous généreux et vous en serez récompensés. « Heureux l'homme qui exerce la miséricorde et qui prête, qui règle ses actions d'après la justice. » (Psaumes 112:5).

N'ayez jamais peur de ne pas être récompensé de votre générosité, car vous le serez — c'est une loi naturelle. « Jette ton pain sur la face des eaux, car avec le temps, tu le retrouveras. » (Eccl. 11:1).

12. *Il sera positif.* Un esprit positif est un aimant puissant qui attire les autres tout comme les abeilles sont attirées par le miel. Vos amis et vos associés voudront se retrouver autour de vous si vous abordez la vie de façon positive. Quelles sont vos premières pensées, lorsque vous vous réveillez le matin? Dites-vous: « Bonjour, mon Dieu » ou bien « Seigneur, encore une journée qui commence »? Vous saurez ainsi si vous êtes une

personne positive ou négative. Lorsque vous contemplez la moitié d'un verre d'eau, dites-vous « Le verre est à moitié plein » ou « Le verre est à moitié vide »? Votre réponse vous fera savoir la façon dont vous considérez le monde qui vous entoure. Vous devez apprendre à être optimiste et à vivre dans l'attente de toutes les bonnes surprises que l'avenir vous réserve si vous voulez devenir un maître en relations humaines.

Vous connaissez peut-être l'histoire des jumeaux; l'un était optimiste et l'autre pessimiste. Le petit pessimiste passait son temps à se plaindre et était toujours négatif, alors que l'autre voyait toujours la vie en rose. C'était Noël et leur père décida d'être fixé, une fois pour toutes, sur leur attitude respective. Il mit tous les plus beaux jouets auxquels on pouvait penser sous l'arbre de Noël, destiné au petit garçon pessimiste — un nouveau vélo, un ballon, une carabine et des tas de choses qui auraient pu rendre n'importe quel enfant heureux. De l'autre côté de l'arbre, il déposa un tas de fumier et c'était le présent qu'il destinait à son fils qui faisait toujours preuve d'optimisme.

Le matin de Noël, le père se cacha derrière le sofa pour observer les réactions de ses enfants. Le pessimiste entra le premier et vit tous les merveilleux jouets qui portaient son nom. Il commença à se plaindre immédiatement. « Si je prends mon vélo pour aller jouer dehors, je vais avoir un accident. Je risque de me blesser et papa ne sera pas content. Oh, il'y a un ballon. Je suis sûr de le crever la première fois que je vais jouer avec. Tiens, une carabine... Mais je ferais mieux de ne pas m'en servir, parce que je suis sûr de casser les vitres de quelqu'un. » Et il poursuivit sur le même ton, s'enfonçant dans son négativisme. Pour lui, ce matin de Noël s'avérait un véritable désastre!

Puis le petit optimiste fit son entrée. Lorsqu'il vit le tas de fumier portant son nom, il commença à courir à travers la maison avec enthousiasme, cherchant dans toutes les pièces, dans le garage, dans le jardin. Son père finit par l'attraper par le bras et lui demanda: « Qu'est-ce que tu cherches? » Et son fils lui répondit: « Papa, avec tout ce fumier que j'ai trouvé sous l'arbre de Noël, je suis sûr qu'il y a un poney quelque part dans la maison. »

Une attitude positive joue un rôle important dans les relations humaines — elle est contagieuse et déteint sur les autres.

N'oubliez jamais: montrez-vous positif et vous irez loin dans vos relations avec les autres.

La personne qui possède ces douze qualités atteindra des sommets inespérés dans la vie et l'on se souviendra d'elle longtemps après son passage sur cette terre. Car cette personne est ce que j'appelle un maître en relations humaines. Elle atteindra tous ses buts grâce aux contacts qu'elle aura avec les autres. Elle fera de chacun des partenaires dans toutes les aventures et mènera son entourage vers une vie productive, heureuse et prospère. Tous la suivront dans l'adversité et se réjouiront dans son bonheur. Cette personne sait comment se comporter avec les autres. Elle connaît la Règle d'Or.

Il existe plusieurs autres principes dont nous devrions discuter avant de passer au chapitre suivant. Si vous les comprenez, vous gravirez plus vite les échelons du bonheur et de la réussite, tout en étant moins frustré et vous comprendrez beaucoup mieux comment sont les choses en réalité.

Si vous voulez réellement accomplir des choses extraordinaires, être heureux et réussir, vous devez vous entourer de personnes compétentes. Certains directeurs refusent d'engager des gens ayant les qualités et le potentiel requis, parce qu'ils ont peur, éventuellement, de perdre leur place. Mais en réalité, c'est tout le contraire qui se produit. Le directeur qui craint d'engager des personnes compétentes perd son emploi à cause des résultats insuffisants qu'il obtient, alors que celui qui sait s'entourer de personnes enthousiastes et compétentes est promu président de la Compagnie.

Vous ne serez ni meilleur ni plus efficace que ceux qui vous entourent. L'entraîneur en chef n'est pas meilleur que ses assistants et le président d'une société n'est pas meilleur que son personnel administratif. Le chef fixe les buts; pour les atteindre, il faut des employés. Entourez-vous des meilleurs employés qui soient alors que vous vous approchez de la réussite — et ils feront de vous une personne extraordinaire!

Un autre principe important ayant trait aux relations humaines est que vous ne devez jamais vous impliquer dans des questions de personnalité. Alors que vous approcherez du sommet, vous constaterez des injustices. Il y aura toujours un président de Compagnie qui nommera son fils de 23 ans au poste de vice-président après six mois de service ou un jeune cadre qui fait son chemin plus par le favoritisme dont il jouit que par sa compétence. Et il y a toujours un vendeur qui crie plus fort que les autres et qui obtient toute l'attention. Il y a celui qui ne fait rien et qui reçoit la même augmentation que vous, alors que c'est vous qui avez fait tout le travail. Il y aura toujours de l'injustice tant qu'il y aura des hommes.

Si les personnes qui jouissent de ce favoritisme ne méritent pas les positions obtenues, elles ne les garderont pas. J'en ai vu retomber de haut! C'est la vision la plus triste qui soit, lorsqu'elles doivent soudainement se tenir debout sans plus personne pour les prendre par la main et les conseiller. Elles se sont fait tellement d'ennemis au cours de l'ascension, qu'elles se retrouvent seules. Un travailleur qui est promu pour une raison autre que sa valeur professionnelle et ses résultats, se détruira lui-même. C'est une situation temporaire qui se résoudra d'elle-même. Ne vous en mêlez pas, continuez à travailler pour atteindre vos buts et laissez les vautours se disputer les charognes. Vous devez vous montrer assez adulte pour ne pas vous occuper de ces histoires si vous voulez vraiment arriver à quelque chose!

Au fur et à mesure que vous approchez de la réussite, vous en entraînerez d'autres avec vous. Vous ouvrirez de nouvelles voies et ferez des choses que personne n'aura encore faites et, vous en serez parfois très peu récompensé sur le moment. De nouveaux hommes débuteront avec des avantages et des revenus que vous n'aviez pas lorsque vous avez commencé. Mais ne vous retournez pas. Si vous voulez avancer, n'enviez pas les autres, car vous êtes en possession de quelque chose qu'ils n'auront jamais — la connaissance et le savoir-faire, que vous avez obtenu en payant le prix d'un travail acharné. Personne ne pourra jamais vous enlever cela. C'est à vous, jusqu'à la fin de vos jours; et cela est inestimable à condition que vous sachiez l'utiliser. Cela vous apportera beaucoup plus de chances qu'à la personne qui n'a pas payé le prix.

Vous entraînerez d'autres personnes dans votre sillage, mais si elles ne méritent pas de se retrouver au sommet, elles n'y resteront pas. Ne soyez pas mesquin et libérez-vous de vos préjugés. Espérez que tous ceux qui vous suivent trouvent avec vous le bonheur et la réussite. Concentrez-vous sur vos buts personnels et ne permettez à personne de vous barrer la route — c'est là qu'est le secret. Il faut de la volonté pour avancer sans cesse.

Dans ce chapitre, j'ai exposé certains des principes les plus simples des relations humaines qui, si vous savez les appliquer, vous permettront de devenir le meilleur vendeur de votre compagnie, le meilleur professeur de votre école, le meilleur directeur de votre société, le meilleur artiste ou l'homme d'affaires le plus extraordinaire de votre ville. Peu importe votre vocation! Les principes demeurent les mêmes — ils sont bons pour votre cas — essayez-les! Si vous réussissez à devenir un maître en relations humaines, vous pourrez obtenir tout ce que désire votre coeur en vous aidant des autres. Vous n'avez qu'à prendre le temps de trouver ce que veulent les autres et ensuite, à les aider à l'obtenir et vous réussirez. Mais n'oubliez pas: «Fais aux autres ce que tu aimerais qu'ils te fassent.» Vous deviendrez un maître en relations humaines si vous êtes *persuadé* que vous pouvez y arriver!

Avant de passer au chapitre suivant, faites des principes ci-dessous les vôtres:

1. En devenant maître en relations humaines, vous deviendrez un leader.
2. C'est un talent que l'on développe par l'effort.
3. Apprenez et appliquez les douze principes de ce chapitre.

Lorsque vous aurez accepté ces principes, vous aurez franchi un autre pas énorme sur la voie de la réussite, d'une vie heureuse et prospère.

LES POINTS À RETENIR

- L'homme qui maîtrise les relations humaines n'a pas de prix.
- À chaque action correspond une réaction.
- Traitez les gens comme s'ils étaient tels que vous les vouliez et ils feront les efforts requis pour devenir ce que vous attendez d'eux.

- Entourez-vous de personnes compétentes.
- Ne vous impliquez jamais dans des questions de personnalités.
- Vous entraînerez les autres avec vous, vers la réussite.
- Trouvez ce que veulent les autres, aidez-les à l'obtenir et vous réussirez.

9/Vous et les occasions

Vous êtes quelqu'un d'important! Vous possédez des talents qu'aucun autre être humain ne possède. Il ne vous reste plus qu'à développer ces talents — à les traduire en services qui seront utiles — et vous vous retrouverez sur la voie d'une vie faite de bonheur et de réussite.

Vous possédez ces talents car vous êtes unique. Vous êtes le seul à être comme vous êtes: aucun individu n'a jamais existé, n'existe et n'existera qui soit votre sosie. C'est Dieu qui l'a voulu ainsi depuis le tout début. Les services utiles que vous pouvez rendre vous sont donc absolument particuliers. Personne ne peut faire ce que vous faites de la façon dont vous le faites. Vos talents se trouvent au plus profond de votre cœur et il est nécessaire que vous les en fassiez sortir avant de pouvoir trouver le bonheur et réussir.

Vous devez chercher au fond de vous et découvrir ces talents. Ces derniers s'harmonisent totalement avec vos volontés et vos désirs. Mais en les découvrant, vous n'en serez que plus heureux et vous réussirez mieux. Lorsque vous aurez découvert vos talents personnels et que vous en tirerez profit pour rendre service aux autres, vous serez heureux et vous réussirez, car vous ferez les choses que vous voulez faire et ces choses seront celles qui vous conviendront le mieux.

Tous les jours, des tas de gens ne vont travailler que parce qu'ils doivent y aller. Ils s'assoient face à leur bureau et accomplissent les mouvements que l'on attend d'eux pour exécuter un travail qu'ils détestent littéralement. Ils sont malheureux. Mais je les plains. Ils ne travaillent que pour ne pas perdre leur emploi. Ils ne font pas quelque chose qu'ils aimeraient faire, ils n'en retirent donc aucune satisfaction. Ils ont laissé la société les coincer dans une fente minuscule et ils y restent jusqu'à ce qu'ils changent d'attitude ou qu'ils meurent. La conformité détruit l'initiative et l'indépendance d'un homme.

Paul l'a expliqué de la façon suivante: « Ne vous conformez pas au siècle présent, mais soyez transformés par le renouvellement de l'intelligence afin que vous discerniez quelle est la volonté de Dieu, ce qui est bon, agréable et parfait. » (Romains 12:2). L'Apôtre nous dit, « Ne vous conformez pas » — osez être différent des autres — faites ce que vous avez envie de faire — à condition de ne pas sortir des limites des grandes lois naturelles de l'univers, lesquelles ont été établies par Dieu.

En vous se trouve un esprit qui vous mènera à la grandeur. Chacun de nous possède cet esprit! C'est un esprit qui peut modeler votre vie de sorte que vous puissiez atteindre votre potentiel maximum. C'est ce même esprit qui a fait d'un fils de fermier de l'Illinois un grand homme d'état et un président. C'est ce même esprit qui a inspiré un pauvre orphelin qui est devenu Babe Ruth. C'est toujours ce même esprit qui a encouragé un jeune homme sourd, n'ayant reçu qu'une instruction limitée, à devenir le plus grand inventeur de tous les temps. C'est l'esprit qui a poussé le général McArthur à lancer, par-dessus son épaule, alors qu'il reculait sous le feu de l'ennemi, ces paroles immortelles « Je reviendrai ».

C'est l'esprit qui a permis à un prêcheur de campagne, peu connu, de devenir un évangéliste de renommée mondiale. C'est l'esprit qui a motivé un jeune juif à devenir le plus grand vendeur d'assurance-vie. C'est lui qui a dirigé un homme dont le seul désir était de vendre des vêtements et d'offrir un bon service à sa clientèle, lors de son ascension qui l'a mené à la tête d'un empire financier.

Ils ont tous fait sortir *cet esprit qui est également en vous.* Mais cet esprit ne se manifeste qu'à ceux qui le recherchent vraiment — c'est l'esprit de Dieu. Il est en chacun de nous, mais on doit le développer. Si vous développez cet esprit jusqu'à un niveau assez élevé, vous serez un leader. Vous pouvez réussir si vous y *croyez!*

Quelles que soient les circonstances qui vous entourent,

vous pouvez être heureux et réussir. Le bonheur et la réussite sont des attitudes de l'esprit et tous ceux qui adoptent une attitude positive face à la vie les découvrent. Prenez le contrôle total de vos pensées et vous serez au-dessus des circonstances négatives.

À travers les âges, très peu de personnes, sinon aucune, n'ont eu à souffrir autant qu'Helen Keller. Une maladie grave, diagnostiquée comme fièvre cérébrale, lui fit perdre la vue et l'ouïe à l'âge de deux ans. Elle était donc incapable de parler et a vécu en dehors du monde, sourde et muette. Son professeur, Ann Sullivan, a pu établir un contact avec l'esprit de la jeune fille par le toucher. En l'espace de trois ans, Helen avait appris l'alphabet et pouvait lire et écrire en Braille.

Jusqu'à l'âge de dix ans, elle ne pouvait que parler le langage des sourds-muets. Puis elle a décidé d'apprendre à parler et, à l'âge de 16 ans, elle avait fait assez de progrès pour pouvoir être admise en classe préparatoire. En 1904, elle recevait un diplôme de Radcliffe, avec distinction.

Après avoir terminé le collège, elle se fit connaître comme conférencière et écrivain. Elle a donné des conférences au nom des aveugles et des aveugles-muets dans plus de 65 pays, dans le monde entier. Ses livres sont des best-sellers et ont été traduits dans plus de 50 langues.

Il aurait pourtant été facile, pour Helen Keller de perdre la foi et d'abandonner tout espoir, à plusieurs reprises, dans sa vie. Mais elle ne l'a pas fait, car elle s'était aperçue qu'elle était une enfant de Dieu, qu'elle était une création unique, qu'elle avait un potentiel énorme et que dans son esprit, il y avait la graine d'un service énorme à rendre à l'humanité. Son amour et son intérêt pour les autres lui ont valu une renommée mondiale; en fait, à son époque, elle est même devenue une légende.

Vous n'avez probablement pas à surmonter autant de difficultés qu'Helen Keller pour vous assurer une vie heureuse et réussie. Vous n'avez qu'à vous rendre compte, comme elle l'a fait, que les circonstances extérieures ne déterminent pas votre destin. Vous pouvez modifier les circonstances quand vous voulez et vous commencerez ainsi votre voyage vers la paix intérieure, les richesses, l'illumination et le bien-être physique. George Bernard Shaw, le dramaturge et critique Irlandais, a dit: «Les gens accusent toujours les circonstances de ce qu'ils sont. Je ne crois pas aux circonstances. Les gens qui se débrouillent dans ce monde sont ceux qui se dressent et recherchent les circonstances qu'ils désirent et, s'ils ne les trouvent pas — les provoquent! »

Laissez-vous les circonstances actuelles vous bloquer la voie pour vous réaliser pleinement en tant que personne? Si la réponse est positive, vous êtes en train de gaspiller les talents que Dieu vous a donnés parce que vous êtes incapable de prendre la décision de changer des circonstances négatives. Pourquoi êtes-vous incapable de prendre cette décision? Probablement à cause de vos craintes, de vos doutes ou des excuses qui saturent sans votre esprit. William Shakespeare a écrit cette perle de sagesse : « Nos doutes sont des traîtres qui nous font perdre ce que souvent nous pourrions gagner, par crainte d'essayer. » Quelqu'un d'autre l'a dit autrement : « Même une tortue ne peut aller nulle part, à moins de se sortir la tête en premier. »

Si vous avez soif d'opportunités, allez-y; les détails prendront soin des nécessités de la vie, grâce à l'esprit qui se trouve en vous. Jésus a dit:

> C'est pourquoi je vous le dis: Ne vous inquiétez pas pour votre vie de ce que vous mangerez, ni pour votre corps de quoi vous serez vêtus. La vie n'est-elle pas plus que la nourriture, et le corps plus que le vêtement?
>
> Regardez les oiseaux du ciel: ils ne sèment ni ne moissonnent, et ils n'amassent rien dans des greniers; et votre Père céleste les nourrit. Ne valez-vous pas beaucoup plus qu'eux? Qui de vous, par ses inquiétudes, peut ajouter une coudée à la durée de sa vie?
>
> Et pourquoi vous inquiéter au sujet du vêtement? Considérez comment croissent les lis des champs: ils ne travaillent ni ne filent; cependant, je vous dis que Salomon même, dans toute sa gloire, n'a pas été vêtu comme l'un d'eux. Si Dieu revêt ainsi l'herbe des champs, qui existe aujourd'hui et qui demain sera jetée au four, ne vous vêtira-t-il pas à plus forte raison, gens de peu de foi? Ne vous inquiétez donc point, et ne dites pas: Que mangerons-nous? Que boirons-nous? De quoi serons-nous vêtus?

Car toutes ces choses, ce sont les païens qui les recherchent. Votre Père céleste sait que vous en avez besoin.

Cherchez premièrement le royaume et la justice de Dieu; et toutes ces choses vous seront données par surcroît ou en plus.

Si vous avez des buts valables et si vous allez dans la bonne direction, tous vos besoins seront comblés.

« Recommande ton sort à l'Éternel, mets en lui ta confiance, et il agira. » (Psaumes 37:5)

« Le coeur de l'homme médite sa voie, mais c'est l'Éternel qui dirige ses pas. » (Proverbes 16:9). « Et mon Dieu pourvoiera à tous vos besoins selon sa richesse, avec gloire, en Jésus-Christ. » (Philippiens, 4:19).

Vous pouvez être sûr que si vous vivez dans les limites des lignes directrices que Dieu a tracées pour l'humanité, Dieu pourvoiera à vos besoins.

Trop de gens, aujourd'hui, pensent qu'on ne les aime pas et qu'ils sont inutiles — ils pensent que personne ne s'intéresse à eux. Ils se trompent ! Dieu s'intéresse à chacun de nous avec amour; cet amour est parfait et se trouve en dehors des limites de notre compréhension. Pour Dieu, nous sommes tous importants. Pour lui, nous sommes tous individuels.

Jésus a dit : « Même les cheveux de votre tête sont comptés ». Cela devrait vous donner une idée de l'importance que vous représentez pour lui. Son amour est personnel et ne vous désertera jamais. Cet amour vous conseillera, vous donnera la force et la compréhension et vous apportera les solutions que vous recherchez pour les opportunités et les problèmes qui vous assaillent. Vous ne pouvez compter sur l'amour humain. On trouve dans les Psaumes « Mieux vaut chercher un refuge en l'Éternel que de se confier à l'homme. » (118:8). L'amour humain est imparfait, mais l'amour de Dieu est parfait. En lui, vous trouvez un véritable ami, quelqu'un en qui vous pouvez compter. Si vous êtes son enfant, son Esprit est en vous. Lorsque vous faites appel à lui, il est là, qu'il s'agisse de choses de peu d'importance ou de la construction d'un empire.

En chacun de nous se trouve une graine de grandeur. Si vous entretenez cette graine, elle poussera pour donner un chêne magnifique de perfection. « Tout vous est possible .» Dieu a tout prévu pour que vous soyez heureux et pour que vous réussissiez; le frein, c'est vous-même qui le mettez. Plus vous approcherez de la perfection, plus vous serez heureux et plus vous réussirez. Plus vous suivrez les lignes directrices de Dieu, plus vous réussirez à être heureux.

Si vous pensez que personne ne vous aime, oubliez ça! Vous êtes tellement aimé qu'un homme a donné sa vie pour vous. Ne pensez plus à l'amour humain, car il est fragile et peut disparaître à la première occasion. Ne recherchez que l'amour parfait de Dieu et vous recevrez l'amour humain en plus.

En vous se trouve l'esprit qui peut vous permettre d'être heureux et de réussir. Vous n'avez besoin d'aucun autre amour que celui, véritable, qui vous est offert sans limite par celui qui s'intéresse le plus à vous — Dieu.

Maintenant que vous vous rendez compte que vous êtes un être unique qui a des talents et des services à mettre à la disposition des autres et que personne d'autre ne possède, que l'on vous aime et que l'on s'intéresse à vous, il est temps d'explorer les grandes lois universelles non écrites qui gouvernent les opportunités sans limite qui vous sont offertes. Faisons un inventaire et voyons ce que le monde a à offrir à une personne recherchant bonheur et réussite.

Certains pensent que la chance ne frappe qu'à la porte des gens riches et puissants. Certains croient qu'il existe une main du destin qui tape sur l'épaule de certains individus et leur indique le chemin de la richesse et du pouvoir.

Certains croient que la chance les a doublé. Ils ne savent pas qu'un individu est récompensé en proportion directe à la pensée et à l'effort qu'il fournit. Ces gens ont souvent cette attitude: «Qu'allez-vous faire pour moi?» ou «Qu'allez-vous faire pour résoudre mes problèmes?» Ils ne comprennent pas que les lois naturelles disent que l'on ne retire de la vie que ce que l'on investit. Ils veulent que les autres les aident sans que eux aient à s'aider. Ceux qui pensent de cette façon sont très loin de savoir ce qu'il faut pour être heureux et pour réussir.

À la fin de la dernière année de collège, deux jeunes demandèrent à un homme, multimillionnaire, ce qu'il fallait pour gagner un million de dollars. Ce vieux monsieur n'avait que peu d'instruction mais beaucoup de bon sens.

Mes amis lui dirent qu'ils pensaient qu'il était beaucoup plus difficile de gagner un million de dollars aujourd'hui qu'avant et ils énumérèrent tout un tas de raisons à l'appui de ce qu'ils avançaient. Finalement, ils demandèrent au vieux monsieur ce qu'il en pensait. Celui-ci avait attendu très patiemment qu'on lui accorde la parole. «Je pense qu'il est beaucoup plus facile de gagner un million de dollars aujourd'hui que jamais auparavant,» dit-il. «Mais vous, par contre, vous avez un problème que je n'avais pas en débutant — vous êtes allés au collège. Le collège vous enseigne des théories et vous conditionne à travailler pour d'autres. On ne vous apprend pas comment vous battre seul, comme on le faisait quand j'avais votre âge.»

Je n'ai jamais oublié ce commentaire, car il est vrai. Nous devons briser les chaînes de la conformité, puis utiliser toutes les ressources physiques et morales dont nous disposons, peu importe l'endroit où nous vivons, si nous voulons vivre une vie heureuse et réussir.

Observez l'abondance dont nous sommes entourés. La nature déborde de beauté sans limite. Allez vous promener dans la campagne et voyez comment Dieu a prévu tous les besoins de la nature. Traversez le cœur d'une grande ville et pensez à l'ingéniosité extraordinaire et à la richesse qu'il a fallu pour construire les gratte-ciel et le système d'autoroutes. Pendant que vous observez toutes ces choses qui vous entourent, n'oubliez jamais que vous y avez autant droit que n'importe qui d'autre. Vous pouvez réclamer votre part et l'obtenir en dirigeant vos pensées dans cette direction. Mais n'oubliez jamais que votre part ne vous sera jamais donnée; vous devez la gagner — c'est le plan compensatoire de la nature prévu pour tous ceux qui veulent le bonheur et la réussite.

Les chances se présentent à ceux qui les recherchent. L'opportunité, c'est le moment ou l'occasion voulue pour faire quelque chose. «Le moment ou l'occasion voulue» vous apparaîtra lorsque vous serez prêt, mentalement, à le reconnaître et à le recevoir. Pour que cette opportunité donne des résultats, il faut que vous «fassiez quelque chose».

Désirant mieux réussir tout en aidant les autres à réussir, deux amis vivant dans l'état du Michigan, Jay Van Andel et Richard DeVos ont mis au point un concept de mise en marché absolument unique basé sur les principes de la libre entreprise. Parce qu'ils ont établi leurs buts, parce qu'ils ont préparé des plans bien définis et qu'ils sont passés à l'action, la Amway Corporation a été fondée en 1959. Le résultat, c'est que des milliers de personnes à la pensée positive se réjouissent maintenant des avantages qu'offre une compagnie personnelle. L'opportunité est venue pour Jay et Rich et pour les milliers de personnes indépendantes de la Amway parce que tous la recherchaient vraiment.

Un homme vivant au Tennessee emmena sa famille en vacances en Floride. Pendant le voyage, il s'est aperçu qu'il était très difficile pour des voyageurs de trouver un motel offrant un service de qualité et des installations adéquates pour une famille. En rentrant à la maison, il alla voir un ami avec l'idée d'ouvrir une nouvelle chaîne de motels où la devise serait « service courtois et atmosphère familiale ». Ils commencèrent par la construction d'un motel dans leur ville et, en moins de dix ans, ils se sont retrouvés à la tête d'une chaîne de motels internationale, plus importante que tous les concurrents mis ensembles. L'opportunité s'était présentée à cet homme par l'intermédiaire de vacances peu agréables.

Un ami, qui était l'un des directeurs d'une Compagnie de réunion de fonds, commença à détester son travail à cause d'une divergence de vue sur la politique des affaires. Il donna sa démission et ouvrit sa propre Compagnie avec un capital emprunté de $3 000. La politique de sa Compagnie était basée sur les lois éternelles du bonheur et de la réussite. En conséquence, cette Compagnie a connu une croissance extraordinaire et est en train de dépasser toutes les Compagnies concurrentes. L'opportunité s'est présentée à la suite d'un refus de nier des principes moraux, même si cela signifiait perdre un bon emploi. Démosthène, l'orateur grec a dit: « Les petites opportunités sont souvent le début des grandes entreprises. »

Les opportunités sont partout! Un opportuniste a déclaré un jour: « Elles sont là où vous les trouvez. » L'opportunité s'offrira à vous à plusieurs reprises au cours de votre vie. La plupart des gens ne les voient pas, car leurs pensées sont dominées par l'angoisse.

Mon père m'a raconté l'histoire d'un homme avec qui il avait travaillé dans les puits de pétrole, dans l'Oklahoma. Ces deux hommes étaient bons amis et chacun respectait les qualités de l'autre. Ils travaillaient tous les deux pour la même Compagnie depuis plusieurs années et se débrouillaient bien sur le plan financier. Un jour, subitement, cet ami dit à mon père qu'il quittait son travail pour spéculer à son compte. Ce qu'il comptait faire, c'était emprunter de l'argent et commencer à forer des puits en tant qu'entrepreneur indépendant. Il proposa à mon père une association si cela l'intéressait. Sachant très bien les risques que comportait une telle aventure, mon père refusa l'offre de son ami. Aujourd'hui, mon père vit de sa retraite alors que son ami vit la vie d'un homme riche. La peur de l'échec fait qu'un nombre incroyable de personnes capables de réussir ne saisissent pas les chances qui se présentent.

Une autre histoire, concernant les opportunités, a ses racines dans une ville de l'ouest du Texas. Un vieil homme avait vécu des faibles revenus d'une épicerie pendant plus de 35 ans et avait atteint l'âge de la retraite. Le revenu que lui assurait alors le gouvernement était tellement faible qu'il lui avait fallu, à l'âge de 65 ans entamer une nouvelle carrière d'agent d'assurances. Sa réussite fut immédiate et totale et il se qualifia même pour l'oscar offert par la profession. Il ne cessait de me parler des satisfactions incroyables que lui rapportait son travail. Son revenu annuel était considérablement plus élevé, à l'âge de la retraite, que pendant ses années actives, alors qu'il travaillait à l'épicerie. Il me dit qu'il regrettait que cette opportunité ne se soit pas présentée à lui alors qu'il était jeune, ce qui lui aurait permis d'être indépendant sur le plan financier. Je ne pense pas qu'il ait jamais pensé qu'il avait eu cette opportunité alors qu'il était jeune, mais qu'il n'avait jamais pu la voir. Il n'est jamais trop tard pour commencer à vivre une vie faite de bonheur et de réussite, mais plus vite vous commencez, plus grands sont les résultats.

C'est Francis Bacon, philosophe anglais, essayiste et homme d'état, qui a écrit : « Un homme sage fabrique plus d'opportunités qu'il n'en trouve. » Ne soyez pas idéaliste au point de penser que quelqu'un va vous donner l'opportunité qui vous rendra riche et vous fera connaître la réussite. Les gens gardent ce genre d'opportunités pour eux-mêmes. Oui, vous devez créer vos opportunités, comme l'a dit Francis Bacon, si vous voulez vraiment connaître le bonheur et la réussite.

Dieu a fourni tout ce qu'il faut pour que vous ayez une belle vie. Tous les jours, des opportunités merveilleuses s'offrent à vous. Pour capitaliser sur ces opportunités, vous ne devez saisir que celles qui sont en harmonie avec votre capacité d'en profiter.

En vous, se trouve l'esprit vous permettant d'être heureux et de réussir et maintenant, vous avez appris à vivre dans un monde qui vous offre un nombre infini d'opportunités. Si vous y pensez vraiment, vous vous apercevez que vous avez toutes les chances de votre côté!

Souvenez-vous des paroles de l'apôtre Paul: « Ne copiez pas les comportements et les habitudes de ce monde, mais soyez une personne nouvelle et différente avec une nouveauté dans tout ce que vous faites et dans tout ce que vous pensez. » N'oubliez pas que vous êtes important, que l'on vous aime, que vous êtes une création unique et que des opportunités illimitées vous sont offertes parce que vous vivez dans un monde dirigé par un Créateur qui ne connaît aucune limite. Comme le dirait Dieu, « Vous pouvez être grand si vous croyez que vous le pouvez! »

Avant de passer au chapitre suivant, faites des principes ci-dessous les vôtres:

1. Vous pouvez être heureux et connaître la réussite et c'est ainsi que le Créateur veut que vous viviez.
2. Vous vivez dans un monde offrant les opportunités et l'abondance vous permettant de réaliser vos rêves les plus chers.
3. Les opportunités sont partout, attendant qu'on les découvre. Lorsque vous aurez accepté ces principes, vous aurez franchi un autre pas énorme sur la voie de la réussite, d'une vie heureuse et prospère.

LES POINTS À RETENIR

- Vous êtes important!
- La conformité détruit l'initiative et l'indépendance d'un homme.
- Vous pouvez être grand si vous croyez que vous le pouvez!
- Le bonheur et la réussite sont des attitudes de l'esprit.
- Si vous avez des buts valables et si vous allez dans la bonne direction, tous vos besoins seront comblés.
- En chacun de nous se trouve une graine de grandeur.
- Vous êtes tellement aimé qu'un homme a donné sa vie pour vous.
- Pendant que vous observez toutes ces choses qui vous entourent, n'oubliez jamais que vous y avez autant droit que n'importe qui d'autre.
- Les chances se présentent à ceux qui les recherchent.
- Les opportunités sont partout!
- La peur de l'échec fait qu'un nombre incroyable de personnes capables de réussir ne saisissent pas les chances qui se présentent,
- Vous avez toutes les chances de votre côté.

10/Le temps n'attend pas

Si vous pouviez vivre jusqu'à l'âge de sept ou huit cents ans, vous pourriez vous permettre de gaspiller trois ou quatre siècles de votre vie à des choses de peu d'importance. Il vous resterait quand même assez de temps pour changer votre vie et connaître le bonheur et la réussite.

Mais tel n'est pas le cas! À partir du moment où vous respirez pour la première fois, vous commencez une course personnelle contre la montre. La durée de vie normale est d'environ soixante-sept ans — ce qui n'est pas beaucoup. Vous manquez de temps!

Le temps, c'est comme un bijou précieux. Vous devez le garder comme il faut et le porter avec discrétion, sinon vous risquez de vous apercevoir subitement qu'on vous l'a volé.

Et chacune des secondes, des minutes, des heures, chaque jour, semaine, mois et année qui passent sont à tout jamais perdus. On ne peut jamais remplacer le temps perdu! Le temps est ce que vous possédez de plus précieux. La façon dont vous utilisez votre temps détermine si vous ajoutez à votre actif ou si vous restez là où vous êtes.

Si vous utilisez votre temps avec sagesse et respect, votre vie connaîtra l'abondance, mais si vous le négligez, vous aussi serez négligé. Chaque journée est importante car c'est une journée de votre vie.

Vous disposez d'autant de temps que les Rockefeller, les Morgan ou les Ford alors qu'ils ont commencé à amasser leurs immenses fortunes. Vous avez autant de temps qu'en avait Einstein lorsqu'il fit ses grandes découvertes concernant notre univers. Vous avez autant de temps qu'Edison qui a inventé la lumière électrique. Nous disposons tous d'autant de temps que Tolstoï qui a écrit *Guerre et Paix*. Nous en avons autant que l'entraîneur Vince Lombardi qui a remporté trois championnats mondiaux de suite alors qu'il était avec les Green Bay Packers.

Récemment, j'ai entendu le révérend Bob Richards, ancien champion olympique du saut à la perche, déclarer qu'ayant commencé à l'âge de 13 ans, il avait consacré plus de 10000 heures à s'entraîner au saut à la perche et que n'importe qui peut réussir n'importe quoi s'il y consacre 10000 heures. Le temps a travaillé pour lui et il est devenu un athlète de renommée mondiale.

Un article du Reader's Digest révèle comment Henry J. Kaiser a mis le temps de son côté pour augmenter sa réussite. L'article dit: « Henry Kaiser est l'une des personnes les plus conscientes du temps au monde. Même les cinq heures qu'il s'accorde pour dormir sont des heures productives. C'est ce qu'il appelle la « période des idées » et à cet effet, il garde toujours un papier et un crayon auprès de son lit. » Tous les média étaient absolument fascinés par l'utilisation extraordinaire que le président Lyndon B. Johnson faisait de son temps et par l'énergie et le zèle qu'il déployait à son travail. Il se levait rapidement à 6h30 pour travailler jusqu'à 10 ou 11h tous les soirs. Des journées de travail de quatorze heures n'étaient pas une exception! Grâce à cet emploi de son temps, il abattait deux fois plus de travail que l'homme moyen, qui travaille huit heures. Doit-on alors se demander pourquoi il est devenu président ou pourquoi il a si bien réussi dans les affaires?

Un bon emploi de son temps est l'un des principaux secrets d'une vie heureuse, équilibrée et réussie. Vous devez apprendre à adorer lorsque vous adorez! À travailler lorsque vous travaillez! À étudier lorsque vous étudiez! Et à jouer lorsque vous jouez!

Vous devez allouer assez de temps aux quatre secteurs de la planification: spirituel, financier, l'instruction et les loisirs — vous trouverez alors l'équilibre qui est si important à votre bonheur et à votre réussite. Vous devez vous mettre à la poursuite de la réalisation de vos buts dans ces quatre secteurs de votre vie et ce, pendant toutes vos heures de veille.

Utilisez votre temps de manière organisée et productive et vous atteindrez vos buts dans les domaines personnels et dans les domaines des affaires; il vous restera encore du temps libre pour vous distraire et à consacrer à votre famille et à vos amis. Un contrôle de votre temps ne limite pas vos activités, il vous donne plus de liberté — la liberté de faire tout ce que votre coeur a envie de faire. L'homme qui planifie et contrôle son temps est le seul homme véritablement libre. Tous les autres sont des esclaves et se conforment à des normes médiocres. L'auteur de l'Ecclésiaste a compris que pour chaque homme en vie, il y a nécessité d'un contrôle adéquat du temps:

> « Il y a un temps pour tout, un temps pour toute chose sous les cieux:
> Un temps pour naître et un temps pour mourir ;
> un temps pour planter, et un temps pour arracher ce qui a été planté ;
> un temps pour tuer et un temps pour guérir ;
> un temps pour abattre, et un temps pour bâtir ;
> un temps pour pleurer et un temps pour rire ;
> un temps pour se lamenter et un temps pour danser ;
> un temps pour lancer des pierres, et un temps pour ramasser des pierres ;
> un temps pour embrasser et un temps pour s'éloigner des embrassements ;
> un temps pour chercher et un temps pour perdre ;
> un temps pour garder, et un temps pour jeter ;
> un temps pour déchirer, et un temps pour coudre ;
> un temps pour se taire et un temps pour parler ;
> un temps pour aimer, et un temps pour haïr ;
> un temps pour la guerre et un temps pour la paix. »
>
> (Eccl. 3:1-8)

Vous avez peut-être gâché votre journée d'hier ! Vous avez peut-être perdu votre journée d'aujourd'hui! Mais vous n'avez pas encore perdu votre journée de demain, car elle n'est pas encore arrivée, elle est nouvelle et elle vous attend. Vous pouvez tourner la page tous les matins si vous le désirez, mais n'oubliez pas que le temps s'éloigne de vous à un vitesse incroyable — alors ne tardez pas! Un bon emploi de votre temps vous garantit bonheur et réussite. Que faites-vous de ce merveilleux cadeau qui est votre temps?

Le temps, c'est de l'argent! Savez-vous exactement ce que vaut votre temps? Le tableau de la page suivante vous le montre.

N'est-il pas étonnant de constater ce que vaut une heure de travail supplémentaire par jour, pendant trente ans?

Vous pouvez gagner une fortune en tirant parti du temps et en ayant la volonté de payer le prix, qui est celui d'un dur labeur. Vous ne pouvez rien accomplir de valable sans cela. Celui qui réussit apprend à travailler du possible à l'impossible. Il doit laisser aux autres le concept du «neuf à cinq». Il doit avoir une attitude du «travaille jusqu'à ce que ce soit terminé». Il doit faire tout ce qui est nécessaire pour accomplir la tâche qui se trouve face à lui. Son travail passe avant tout horaire. Il doit penser au but. Il doit apprendre à se contrôler jusqu'à ce que le travail devienne une habitude plus forte que son désir de ne rien faire. Un proverbe dit: «Les paresseux sont vite pauvres; les riches sont ceux qui travaillent.» (Proverbes 10:4).

Nous vivons une époque de matérialisme grossier. L'accroissement des richesses physiques s'accompagne d'un déclin des valeurs spirituelles. On a le sentiment que quelque chose ne va pas. Les gens expriment un sentiment de vide et d'inquiétude. Ils réclament la semaine de quatre jours! Ils veulent plus d'heures libres! Ils veulent travailler moins et s'amuser plus! Nous sommes en route vers une collision avec l'échec.

Bien que nous ayons plus de temps libre que jamais auparavant, rares sont ceux qui savent profiter de cet avantage. Et il en est qui réclament encore la semaine de quatre jours et certains l'ont déjà.

Si vous faites partie de la moyenne, vous disposez de 2229 heures de loisirs par an — ce qui est plus que la moyenne du temps que vous consacrez à votre travail.

LA VALEUR DE VOTRE TEMPS EN DOLLARS ET CENTS

JOURNÉE DE HUIT HEURES DE TRAVAIL
244 JOURNÉES DE TRAVAIL PAR AN

Revenu annuel	Valeur d'une minute	Valeur d'une heure	Valeur d'une heure par jour pendant un an	Valeur d'une heure par jour pendant trente ans
$ 5000	$ .0426	$ 2.56	$ 625	$ 18750
6000	.0531	3.07	750	22500
7000	.0598	3.59	875	26250
8000	.0683	4.10	1000	30000
10000	.0852	5.12	1250	37500
12000	.1025	6.15	1500	45000
14000	.1195	7.17	1750	52500
16000	.1366	8.20	2000	60000
20000	.1708	10.25	2500	75000
25000	.2135	12.81	3125	93750
30000	.2561	15.37	3750	112500
35000	.2988	17.93	4375	131250
40000	.3415	20.49	5000	150000
50000	.4269	25.61	6250	187500
75000	.6403	38.42	9375	281250
100000	.8523	51.23	12500	375000

C'est l'image de l'opportunité qui se trouve à votre porte. Étant donné qu'il y a tant de gens qui veulent de plus en plus d'argent tout en travaillant de moins en moins, pensez un peu aux opportunités s'offrant à celui qui:

- Donne un service meilleur et plus grand à ceux qu'il sert.
- Passe son temps et consacre son énergie à se perfectionner pour faire un meilleur travail.
- Apprend à jouir de la vie au maximum en tant qu'individu parfaitement équilibré.
- Ajoute à sa part de bonheur.

Benjamin Franklin a dit: « Nombreux sont ceux qui pensent qu'ils achètent le plaisir, alors qu'en fait, ils ne font que s'y vendre. »

L'homme s'arrête rarement dans sa course folle au matérialisme pour avoir le temps d'en voir les conséquences! La source illimitée de la sagesse éternelle nous dit:

« J'ai passé près du champ d'un paresseux,
Et près de la vigne d'un homme dépourvu de sens.
Et voici, les épines y croissaient partout,
Les ronces en couvraient la face,
Et le mur de pierres était écroulé.
J'ai regardé attentivement,
Et j'ai tiré instruction de ce que j'ai vu.
Un peu de sommeil, un peu d'assouplissement,
Un peu croiser les mains pour dormir!
Et la pauvreté te surprendra, comme un rôdeur,
Et la disette, comme un homme en armes. »

(Proverbes 24:30-34).

Les moments de loisirs, mal passés — ont entraîné la chute des grandes nations et des individus. Aristote, dans ses *Politiques*, raconte comment les Spartiates, fiers et puissants, « n'étaient à l'abri que lorsqu'ils étaient à la guerre » et que « le tout s'est écroulé lorsqu'ils ont acquis un empire. Ils ne savaient plus à quoi consacrer les heures libres que la paix leur avait apportées. »

L'un de mes amis travaille dans la restauration. Il a ouvert au moins dix restaurants qui ont connu un très grand succès et qui ont tous dû fermer après leur apogée.

Bill connaissait le domaine de la restauration, depuis la vaisselle jusqu'au service. Il savait cuisiner; il pouvait concevoir une salle à manger accueillante et peu importe où se trouvait le manque dans cette industrie, il était capable de le corriger. Son restaurant, qu'il s'agisse d'un restaurant italien, d'un endroit où l'on servait des steaks ou des fruits de mer, était toujours le plus couru en ville.

Après chacun de ses échecs, Bill faisait preuve de cette capacité que nous devons tous avoir — il se relevait et recommençait à zéro. Cela, il l'avait appris, mais il n'avait jamais appris comment faire face à la réussite.

Chacun de ces nouveaux restaurants voyait Bill au travail dès l'aube. Il achetait les produits les plus frais et les meilleures viandes au marché. Il contrôlait tout, de la cuisine à la porte d'entrée. Il était exigeant, mais il savait comment mener son affaire.

S'il avait appris une seule chose, il aurait cessé d'échouer — il aurait dû apprendre à passer plus de temps dans son restaurant une fois que celui-ci allait bien. Bill sait lorsque son restaurant marche bien. C'est facile, pour les autres, de le voir aussi. Bill est dans la rue, devant son restaurant, en train de fumer un gros cigare ou de faire des tours de Cadillac dans la ville. Lorsque le génie de Bill disparaît du marché, de la cuisine et de la caisse — lorsqu'il commence à passer ses moments libres et à dépenser son argent en dehors de son restaurant, les ennuis commencent et Bill n'a plus qu'à trouver un nouvel endroit et l'argent pour recommencer à zéro une fois de plus. Mais un jour, il sera vieux, complètement fauché, sans crédit.

L'histoire nous montre toutes les civilisations qui se sont perdues à cause de l'oisiveté. Les Romains avaient travaillé dur pour obtenir une société très riche, mais après avoir conquis le monde, ils se ramollirent et devinrent paresseux. La Rome sous Néron comptait 176 journées fériées par an — ce qui représente presque une journée sur deux. Ils ont connu la décadence!

De nombreuses personnes pensent s'adonner à l'agriculture dans notre pays. Mais elles se trompent. Il est vrai qu'elles passent six jours par semaine, longs et laborieux, à cultiver le sol, mais elles n'ont même pas commencé le travail sérieux si l'on s'en tient aux normes orientales.

Les millions de Chinois nourrissent tous les jeunes plants placés dans des lots minuscules et en tirent bien plus que les Américains n'en tireraient d'une même superficie. Des soins amoureux et attentifs — sans penser aux horaires, aux vacances ni aux pauses café — empêchent ces paysans de mourir de faim.

Un matérialisme incontrôlé a éteint la flamme de plusieurs civilisations remarquables. Ces dernières ont commencé par connaître la richesse, puis la faiblesse et l'apathie, pour enfin, disparaître!

Peut-être connaissez-vous des « affaires de famille » qui se succèdent de génération en génération. Le grand-père a une idée et l'énergie de créer une affaire substantielle. Son fils en hérite et continue dans la même lancée, qui lui apporte la même réussite. Mais dans sa génération, peu d'efforts sont consacrés à l'avancement de l'affaire et souvent, une mauvaise décision ou deux, entraînent quelques problèmes. Le petit-fils, qui est allé dans les meilleures écoles, totalement ignare des problèmes des affaires, décide soit de prendre en charge la Compagnie et l'entraîne à la faillite, soit de la confier à des gestionnaires incompétents pendant qu'il profite de son temps.

Les pays et les Compagnies diffèrent peu des individus. Evitez le matérialisme et ne vous reposez pas sur vos lauriers une fois que vous les avez gagnés. Les parallèles entre les civilisations décadentes et l'Amérique sont troublants. Les citoyens de ces civilisations maintenant disparues ne pensaient pas que cela pouvait leur arriver, ni à eux, ni à leur pays. Cela n'a pas besoin de vous arriver ni d'arriver à votre pays. Pour être heureux et pour réussir, pour connaître la prospérité, chacun de nous doit faire un travail valable et utiliser son temps de façon efficace. Nous pouvons y arriver en ayant des buts et des plans personnels!

Il n'est pas nécessaire que l'Amérique disparaisse comme l'ont fait les grandes sociétés du passé, mais c'est à chacun de nous qu'il revient de la sauver. Les attitudes doivent changer! Nous devons revenir aux principes de base de Dieu et de la campagne et nous devons réapprendre à trouver du plaisir au travail. Dieu a dit: « Tu travailleras pendant six jours. » Nous ne pouvons être heureux que si nous suivons cette directive.

En vous donnant à fond à votre travail, vous serez en mesure d'apprécier totalement les précieuses journées réservées à vos loisirs. Ce don au travail ne doit pas être basé sur un matérialisme temporaire, mais sur quelque chose de plus valable et de plus important. Cela donnera une chance à l'esprit qui se trouve en vous de se manifester dans les différents secteurs de votre vie.

Visez des buts élevés! Et souvenez-vous de ce dicton: « Plus vous travaillez fort, plus vous avez de chance. »

Dans l'Ecclésiaste 11:4, nous trouvons un autre secret du bonheur et de la réussite: « Celui qui observe le vent ne sèmera point, et celui qui regarde les nuages ne moissonnera point.» Nombreux sont ceux qui passent leur vie à attendre la conjoncture parfaite qui leur permettra enfin de faire le travail rêvé. La conjoncture parfaite n'existe pas! Saisissez les chances qui se présentent! Le bon moment, c'est maintenant! Agissez!

De nombreuses personnes font penser à ce peintre peu connu qui voulait peindre un chef-d'oeuvre. Il le décrivait en détail à ses amis et les années passaient. Mais jamais il n'a trouvé le temps ni les conditions favorables pour se mettre à peindre. Le temps coule à une vitesse incroyable... Il est tombé malade et il est devenu vieux. Son chef-d'oeuvre, il l'a emporté dans la tombe avec lui, car il n'a vécu que dans son esprit. S'il avait agi au moment où l'idée lui en était venue, son chef-d'oeuvre se serait concrétisé et aurait continué à vivre pour de nombreuses générations.

N'attendez pas le crépuscule de votre vie pour vous rendre compte que vous n'avez rien fait de valable. Imaginez un peu le découragement qui vous attend si, en repassant votre vie en revue, vous n'y voyez que du vide? Oubliez votre âge, votre statut, votre nationalité, votre race — décidez de ce que vous voulez réellement obtenir de la vie — et cherchez-le — il n'est jamais ni trop tard, ni trop tôt pour commencer. L'action permet de réaliser les rêves. Il y a des millions et des millions de merveilleuses idées en ce monde et l'homme qui peut en prendre une et la réaliser n'a pas de prix. Vous pouvez être cet homme, à condition de croire que vous l'êtes!

Les principaux éléments d'une vie heureuse et réussie sont: le temps, le travail et l'action! Un contrôle du temps joint à un travail acharné et à l'action, le tout sur les fondations solides de la croyance, créent une force extrêmement puissante.

Avant de passer au chapitre suivant, faites des principes ci-dessous les vôtres. «Un contrôle du temps joint à un travail acharné et à l'action, le tout sur les fondations solides de la croyance représentent les principaux éléments d'une vie faite de bonheur et de réussite. Vous devez vouloir en payer le prix!»

Lorsque vous aurez accepté ce principe, vous aurez franchi un autre pas énorme sur la voie de la réussite, d'une vie heureuse et prospère.

LES POINTS À RETENIR

- Le temps est ce que vous possédez de plus précieux.
- Chaque journée est importante car elle représente un fragment de votre vie et qu'une fois qu'elle s'est écoulée, vous ne pouvez plus la récupérer.
- L'homme qui planifie et contrôle son temps est le seul homme véritablement libre.
- Le temps c'est de l'argent!
- On ne peut rien accomplir de valable sans un travail acharné.
- Vous devez apprendre à vous contrôler jusqu'à ce que le travail devienne une habitude plus forte que votre désir de ne rien faire.
- Plus vous travaillez fort, plus vous avez de chance.
- Saisissez les chances qui se présentent!
- L'action permet de réaliser les rêves!

11 / La voie vous est montrée

La ligne a été tracée! Vous la voyez, elle est là, sur le sol, devant vous. Si vous la franchissez, vous trouverez la paix intérieure, les richesses, l'illumination et le bien-être physique. Si vous franchissez ce pas, cela signifie que vous acceptez, sans aucune condition, les principes qui vous ont été exposés dans ce livre. Cela signifie également que vous devez les appliquer dans votre vie de tous les jours. C'est maintenant qu'il vous faut décider, si oui ou non, vous allez franchir la ligne — allez-y! Merveilleux! Vous l'avez fait!

Maintenant que vous êtes passé de l'autre côté et que vous allez commencer à vivre d'une façon heureuse et que vous allez connaître la réussite, vous allez voir que les portes d'une vie équilibrée vont s'ouvrir et vous apporter plus de bonheur et de réussite que vous n'auriez jamais pu croire! Votre réussite peut inclure la réussite financière. Mais ce qui est important, c'est que vous allez connaître la paix intérieure. Votre façon de voir les opportunités et l'avenir sera différente et vous vous sentirez merveilleusement bien. Vous ferez partie d'une minorité exclusive qui mène une vie faite de bonheur et de réussite. Commencez aujourd'hui! Vous n'avez rien à perdre; au contraire, vous avez à y gagner une vie heureuse! Il existe une ancienne légende concernant une époque de l'humanité où la société avait tellement profité de la Sagesse que les Sages décidèrent d'enlever à l'homme le secret du bonheur et de la réussite et de le cacher là où personne ne pourrait plus jamais le retrouver. La question était de savoir où le cacher.

Le chef des Sages réunit tout son monde pour discuter de la question. Le moins sage d'entre eux proposa: « Nous allons enfouir le secret du bonheur et de la réussite dans la terre. »

Mais le chef des Sages lui répondit: « Non, parce que l'homme risque de creuser et de le retrouver. »

Alors, ils dirent: « Nous pouvons cacher le secret du bonheur et de la réussite au fond de l'océan le plus profond. »

Mais le chef des Sages répondit encore: « Non, pas là, car l'homme peut apprendre à plonger et le retrouver. »

Un autre Sage proposa: « Nous pouvons emmener le secret au sommet de la montagne la plus haute et le cacher. »

Mais le chef des Sages répondit: « Non, car l'homme un jour réussira à escalader la montagne la plus haute et le retrouvera. »

Alors un Sage finit par conclure: « Nous ne savons pas où le cacher. Il semble qu'il n'y ait aucune place sur terre ou dans les océans que l'homme ne finira pas par découvrir. »

Alors le Sage lui répondit: « Voici ce que nous allons faire du secret du bonheur et de la réussite. Nous allons le cacher au plus profond de l'homme lui-même, car il n'aura jamais l'idée d'aller le chercher là. »

Et depuis ce jour, si l'on en croit la légende, l'homme a parcouru la terre entière — creusant, plongeant, escaladant — à la recherche de quelque chose qu'il possède en lui.

Il y a presque deux mille ans, le Christ nous a montré comment découvrir ce secret. Que sa vie nous serve d'exemple pour atteindre le bonheur et la réussite!

Entre les deux couvertures de ce livre, j'ai mis tout ce qu'il fallait pour que vous y arriviez — de façon complète, concise et claire. Il ne s'agit pas d'une théorie, mais de principes basés sur les lois naturelles. Je *sais* qu'ils sont valables, car j'ai goûté au feu et j'ai vu la pluie, mais j'ai vu également le soleil briller!

Je vous transmets cette sagesse, mon seul motif étant de vous aider.

Que le Créateur vous bénisse comme il a bien voulu me bénir!

DEUXIÈME PARTIE:

Votre plan d'action

12 / Comment préparer votre plan d'action

LE DÉBUT

Le Plan d'action est le noyau de la méthode de Bland pour la définition et la planification des buts. C'est l'outil responsable de la conversion des pensées en actions. Sans un plan d'action, vos buts n'auraient aucun sens ni aucune valeur. Cela peut vous prendre des jours, des mois et même des années avant de mettre au point un plan d'action parfait, alors ne vous découragez pas si vous ne pouvez pas en prévoir tous les détails dès le début. Tous ces détails vous arriveront en temps voulu. Ce qui est important, c'est de commencer maintenant, même si vous ne prévoyez qu'à court terme. Lorsque vous constaterez les débuts de votre croissance personnelle, il vous faudra revoir votre plan d'action de façon régulière afin de le garder toujours à jour et qu'il demeure intéressant. Ce plan d'action, vous devez l'avoir constamment sous les yeux. Ce n'est qu'à cette condition que vos buts deviendront réalité.

MÉTHODE RECOMMANDÉE

N'essayez pas de préparer votre plan d'action avant d'avoir bien compris les principes dont nous discutons dans la première partie de ce livre. Vous aurez peut-être envie de considérer le programme dans son entier, afin de vous familiariser avec le contenu, mais si vous voulez en tirer le meilleur parti possible, suivez la méthode suivante:

- Commencez par vous familiariser avec la méthode Bland pour la définition et la planification des buts dans son ensemble.

- Relisez le texte jusqu'à ce que vous l'ayez bien compris.
- Remplissez votre Plan d'action, en suivant de près les directives données.
- Entreprenez un programme de lecture systématique, à l'aide de la bibliographie des lectures conseillées se trouvant à la fin de ce livre.

COMMENT PRÉPARER VOTRE PLAN D'ACTION

Lorsque vous penserez réellement avoir bien compris les principes exposés dans ce livre, vous serez prêt à rédiger votre plan d'action. Pour préparer ce plan d'action, il faut que vous soyez très spécifique en ce qui concerne les buts que vous désirez atteindre. Vous devez vous consacrer une certaine période de temps pendant laquelle vous ne serez pas dérangé et qui vous permettra de vous concentrer sur ce plan. Ce plan d'action doit également inclure les buts et les plans détaillés relatifs à vous-même et à votre famille — vous ne pouvez pas les séparer. En rédigeant votre plan, appliquez-vous à:

- Être honnête avec vous-même.
- Penser grand.
- Agir.
- Croire en votre plan.

LA PERSONNE QUE VOUS DÉSIREZ DEVENIR

Rédigez une description de la personne que vous voulez devenir. Tenez compte des quatre secteurs de la planification personnelle: quel genre de personne voulez-vous devenir sur le plan spirituel? Quel genre de personne voulez-vous devenir sur le plan financier? Quel genre de personne voulez-vous devenir sur le plan de l'instruction? Quel genre de personne voulez-vous devenir sur le plan des loisirs?

Concentrez votre pensée sur chacun de ces secteurs. Soyez très précis! Faites la rédaction de ce passage avec soin car vous allez devenir cette personne! *Vous devez lire cette affirmation tous les matins pendant votre période de foi.* Cela va programmer votre subconscient à jouer le rôle d'une personne différente.

N'oubliez pas que vous devez absolument lire cette affirmation tous les matins!

Lorsque vous remplissez cette partie, vous devez tenir compte des points suivants:

- Comment pouvez-vous obtenir la paix intérieure?
- Quel genre de travail allez-vous faire?
- Combien voulez-vous gagner?
- Dans quel genre de maison voulez-vous vivre?
- Comment allez-vous vous habiller?
- Quel genre d'automobile allez-vous conduire?
- Qu'est-ce que les autres vont penser de vous?
- Comment allez-vous aider les autres?
- Allez-vous étudier?
- Que ferez-vous pour vous distraire?
- Serez-vous une personne équilibrée?
- Allez-vous devenir sage?

QUELLE EST VOTRE SITUATION ACTUELLE?

Vous devez déterminer là où vous en êtes avant de pouvoir établir un plan valable pour savoir où aller. Vous devez analyser chacun des quatre secteurs de votre planification personnelle en détail. Déterminez si votre situation actuelle est satisfaisante ou non. Puis dites-le par écrit et décrivez votre situation actuelle en détail, qu'elle soit positive ou négative. Regardez-vous honnêtement et écrivez ce que vous voyez. Lorsque vous aurez eu le courage d'admettre que vous êtes ce que vous êtes, vous aurez fait un bon pas sur la voie de l'amélioration personnelle. Les choses dont vous devez tenir compte lors de l'analyse de votre situation actuelle sont les suivantes:

- Ma situation actuelle est-elle satisfaisante ou non?
- Pourquoi est-elle satisfaisante?
- Pourquoi n'est-elle pas satisfaisante?
- Comment puis-je changer ma situation actuelle?
- Est-ce que je mène une vie équilibrée?
- Est-ce que je veux changer ma situation actuelle?
- Suis-je direct et honnête avec moi-même?

DÉFINITION DES BUTS À COURT ET À LONG TERME

Chacun des quatre secteurs de la planification personnelle est divisé en trois: buts sur une période d'un an — buts sur une période de cinq ans — et buts à atteindre. Ces trois divisions vous permettent d'établir des buts à court et à long terme. S'il vous est difficile de planifier à long terme, contentez-vous d'établir des buts à court terme. Ne cherchez pas à avoir des buts très compliqués au début. Cela viendra avec le temps. Nous allons voir pour le moment les trois divisions de la définition des buts:

1. Buts sur une période d'un an — il s'agit là d'une définition de buts à court terme. Ces buts doivent être établis sur la base d'un an. Définissez vos buts afin que vous puissiez les atteindre d'ici à la fin de l'année en cours. Ces buts sont très importants, étant donné qu'ils sont à court terme et qu'ils vous donnent l'occasion d'avoir des résultats immédiats. Soyez très précis lorsque vous définissez les buts sur une période d'un an.

2. Buts sur une période de cinq ans — il s'agit là de buts à moyen terme. Ces buts doivent être établis sur les projections de vos possibilités futures. Vous devez revoir et réajuster ces buts tous les ans de sorte qu'ils soient adaptés à vos progrès personnels. Décidez de ce que vous voulez d'ici à cinq ans et inscrivez-le.

3. Buts à atteindre — il s'agit là de buts à long terme. La date à laquelle vous voulez les atteindre peut être soit un âge précis, soit une année spécifique. C'est à vous de choisir. Au début, il vous sera peut-être difficile d'établir des buts à long terme. Si tel est le cas, contentez-vous de buts à court et à moyen termes. Les plans à long terme se présenteront d'eux-mêmes lorsque vous serez prêt à les accepter. Voyez-vous à l'âge de 65 ans, 70 ans ou 75 ans et essayez de savoir quel genre de vie vous aimeriez avoir avant.

VOS BUTS SPIRITUELS

Tout en tenant compte de la déclaration faite sur la personne que vous aimeriez devenir et de l'analyse de votre situation actuelle, vous allez définir les buts concernant votre vie spirituelle. L'homme possède, de par sa nature, le désir d'adorer et il ne peut être heureux tant que ce désir n'est pas satisfait. Le secteur spirituel de votre planification est peut-être le plus important, car il prévoit la croyance et la foi nécessaires à la réalisation de tous vos buts dans les trois autres secteurs. Suivez la méthode exposée pour la planification des buts à court et à long termes en ce qui concerne les trois secteurs de la définition des buts — buts sur une période d'un an — buts sur une période de cinq ans — et buts à atteindre. Voici les points dont il faut tenir compte lors de la définition de vos buts spirituels:

- Croyez-vous à des causes valables?
- Où aller pour croître sur le plan spirituel?
- Où aller pour s'impliquer dans des activités stimulantes sur le plan spirituel?
- Votre vie spirituelle est-elle équilibrée?
- Votre famille fait-elle partie de vos plans spirituels?
- Qu'avez-vous l'intention de faire pour améliorer la vie de ceux qui vous entourent?
- Lisez-vous et étudiez-vous la Bible?
- Avez-vous planifié votre période de foi?
- Priez-vous et méditez-vous?
- Croyez-vous en Dieu?
- Quelle contribution durable pourriez-vous faire?
- Comment allez-vous aider les autres?

VOS BUTS FINANCIERS

Tout en tenant compte de la déclaration faite sur la personne que vous aimeriez devenir et de l'analyse de votre situation actuelle, vous allez définir les buts concernant vos finances. L'argent est nécessaire si vous voulez être heureux et réussir, mais il faut le garder dans une juste perspective. Nous recevons de l'argent en récompense des services que nous rendons

— plus nous rendons de services, plus nous recevons d'argent. Suivez la méthode exposée pour la planification des buts à court et à long terme en ce qui concerne les trois secteurs de la définition des buts — buts sur une période d'un an — buts sur une période de cinq ans — et buts à atteindre. Voici les points dont il faut tenir compte lors de la définition de vos buts financiers:

- Combien d'argent voulez-vous gagner?
- Combien d'argent allez-vous économiser?
- Combien d'argent allez-vous consacrer à des causes valables?
- À quel âge voulez-vous cesser de travailler?
- Quel revenu désirez-vous avoir lorsque vous ne travaillerez plus?
- Quel genre de travail aimeriez-vous vraiment faire?
- Abusez-vous de vos cartes de crédit?
- Avez-vous un budget réaliste pour votre famille?
- Tous vous besoins familiaux sont-ils actuellement satisfaits?
- Que vaudrez-vous exactement d'ici à cinq ans?
- Quelle sera votre valeur nette au moment de votre retraite?
- Votre vie est-elle équilibrée sur le plan financier?

VOS BUTS EN MATIÈRE D'INSTRUCTION

Tout en tenant compte de la déclaration faite sur la personne que vous aimeriez devenir et de l'analyse de votre situation actuelle, vous allez définir les buts concernant l'instruction. Des connaissances spécialisées vous seront très utiles au fur et à mesure que vous approcherez de vos buts. La croissance intellectuelle est nécessaire aux grandes réalisations. Suivez la méthode exposée pour la planification des buts à court et à long terme en ce qui concerne les trois secteurs de la définition des buts — buts sur une période d'un an — buts sur une période de cinq ans — et buts à atteindre. Voici les points dont il faut tenir compte lors de la définition de vos buts en matière d'instruction:

- Aidez-vous votre famille à définir des buts et à établir des plans?

- Vos enfants vont-ils au collège?
- Allez-vous cesser de lire des livres qui ne valent rien?
- Allez-vous faire entrer des informations valables dans votre esprit?
- Vous accordez-vous une période quotidienne d'étude?
- Voulez-vous atteindre la sagesse?
- Savez-vous tout ce qu'il faut savoir sur votre travail?
- Votre femme dispose-t-elle d'un programme de croissance intellectuelle?
- Allez-vous partager vos connaissances avec les autres?
- Allez-vous étudier?
- Votre vie en matière d'instruction est-elle équilibrée?

VOS BUTS EN MATIÈRE DE LOISIRS

Tout en tenant compte de la déclaration faite sur la personne que vous aimeriez devenir et de l'analyse de votre situation actuelle, vous allez définir vos buts en matière de loisirs. Un esprit créateur, orienté vers la réussite ne peut fonctionner dans un corps que l'on néglige. Si vous voulez payer le prix de la réussite, vous devez être en forme physiquement. Sinon, vous allez être victime d'une crise cardiaque ou de toute autre maladie entraînée par votre négligence. Votre corps est le temple de votre esprit, alors prenez-en soin! Suivez la méthode exposée pour la planification des buts à court et à long terme en ce qui concerne les trois secteurs de la définition des buts — buts sur une période d'un an — buts sur une période de cinq ans — et buts à atteindre. Voici les points dont il faut tenir compte lors de la définition de vos buts en matière de loisirs:

- Avez-vous un programme sportif?
- Aimez-vous vous distraire?
- Prévoyez-vous des moments pour la distraction en famille?
- Quel était votre tour de taille lorsque vous avez terminé l'école secondaire?
- Prenez-vous des vacances?
- Faites-vous des choses qui vous détendent sur le plan intellectuel?

- Allez-vous chez le médecin de façon régulière?
- Avez-vous lu le livre *The New Aerobics* par Kenneth H. Cooper, M.D.?
- Est-ce que vous vous amusez en famille?
- Voulez-vous vraiment être en forme physiquement et mentalement?
- Où pouvez-vous trouver un programme de loisirs valable?
- Votre vie est-elle équilibrée sur le plan des loisirs?

VOTRE CALENDRIER D'ACTIVITÉS MENSUELLES

Maintenant que vous avez rédigé le genre de personne que vous aimeriez être, que vous avez analysé votre situation actuelle et que vous avez défini des buts dans les quatre secteurs de la planification personnelle, il est temps d'agir. Vous allez commencer en planifiant de la meilleure façon qui soit votre calendrier d'activités mensuelles. Ces plans doivent être établis sur une base d'un an. Vous devriez commencer dès aujourd'hui et faire vos plans pour le restant de l'année en cours. Utilisez la méthode suivante pour remplir votre calendrier d'activités mensuelles.

- Inscrivez les noms des mois qui restent pour l'année en cours, au haut de chacune des pages.
- Inscrivez les dates des jours de chacun de ces mois dans les cases se trouvant dans le coin gauche supérieur des cases plus grandes.
- Vous devriez maintenant avoir un calendrier complet pour le restant de l'année en cours.
- Maintenant, mois par mois et jour par jour, planifiez votre emploi du temps pour le restant de l'année. Soyez très honnête. N'essayez pas de vous tromper. Si vous n'avez pas l'intention de travailler, tenez-en compte. Ces heures libres sont celles où vous ne travaillerez pas. Pour ces heures, tenez compte des points suivants:
  vacances
  anniversaires
  fêtes
  loisirs

repos
week-ends
jours fériés
occasions spéciales
réunions
parties

- Maintenant que vous avez planifié l'emploi de tout votre temps libre pour le restant de l'année, comptez le nombre de journées de travail qu'il vous reste pour atteindre vos buts. Que rien ne vienne intervenir avec vos journées de travail. Laissez les autres planifier leurs activités tout autour de vous et de votre famille.
- Mettez à jour votre calendrier d'activités mensuelles. Dès qu'une nouvelle activité est bien définie, inscrivez-la sur votre calendrier.
- Comptez le nombre de jours de congé de votre calendrier mensuel. Souvent, cela vous fera découvrir des tas de choses.
- Une fois vos plans pour le mois établis, respectez-les.
- Donnez des copies de vos plans aux personnes importantes pour qu'elles sachent à quoi s'en tenir.
- Transférez vos plans du calendrier mensuel au calendrier hebdomadaire.
- Ce calendrier d'activités mensuelles doit guider toutes vos activités.

VOTRE CALENDRIER D'ACTIVITÉS HEBDOMADAIRE

Maintenant que vous êtes plus précis dans votre planification, vous allez passer au calendrier d'activités hebdomadaires. La méthode à suivre pour le préparer est la suivante :

- Chacune des activités planifiées pour la semaine doit provenir du calendrier d'activités mensuelles.
- Placez la date de la semaine au haut de la page.
- Placez les buts de la semaine au haut de la page.

- Vous devriez établir au moins dix priorités qu'il vous faudra accomplir pendant la semaine.
- Toutes les activités des quatre secteurs de vos buts personnels doivent faire partie de votre calendrier d'activités hebdomadaire.
- Mettez votre calendrier d'activités hebdomadaires dans un endroit où vous pourrez le consulter facilement.
- Toute activité prioritaire non exécutée pendant une semaine doit être reportée à la semaine suivante.
- Vous devriez remplir votre calendrier d'activités hebdomadaires pendant votre période de foi, à la fin de chaque semaine, pour la semaine suivante. Vous devez toujours planifier une semaine à l'avance.
- Gardez votre calendrier d'activités hebdomadaires de sorte que vous puissiez l'analyser à la fin de l'année et qu'il vous aide à établir de nouveaux plans.

VOTRE CALENDRIER D'ACTIVITÉS QUOTIDIENNES

La dernière étape du processus de planification est celle du calendrier d'activités quotidiennes. C'est la partie la plus importante du processus de planification étant donné que c'est celle du détail. Vous devez toujours le porter sur vous — comme guide de votre destin. Si vous voulez utiliser de façon efficace le plan d'action, il vous faut un calendrier d'activités quotidiennes. La méthode à suivre pour le préparer est la suivante :

- Chacune des activités planifiées pour la journée doit provenir du calendrier d'activités hebdomadaires.
- Tous les matins, pendant votre période de foi, consacrez un certain temps à la planification de vos activités de la journée.
- Inscrivez la date de la journée au haut de la page.
- Inscrivez les buts à atteindre au cours de cette journée.
- Soyez très précis en ce qui concerne les renseignements inscrits sur le calendrier d'activités quotidiennes — noms, lieux, dates, heures, etc.
- Notez toutes les activités sur votre calendrier d'activités quotidiennes, même les choses comme «aller chez le

coiffeur ». N'oubliez pas les secteurs spirituels, financiers, de l'instruction et des loisirs.

- Prenez la liste des dix priorités de la semaine et divisez-la de façon à les répartir sur les différents jours.
- Inclure toute note spéciale prise pendant la journée au dos de la page — les noms qu'il ne faut pas oublier, les numéros de téléphone, les dépenses, etc.
- A la fin de la journée, prenez le temps d'inscrire les résultats au dos de la page. Ceci vous permettra de voir votre journée de façon plus réaliste.
- Inscrivez votre devise préférée au dos de votre calendrier d'activités quotidiennes. Relisez-la lorsque vous faiblissez. Nous avons tous une phrase qui nous encourage — alors inscrivez la vôtre sur votre calendrier.
- Vous devriez toujours avoir une copie de votre calendrier d'activités quotidiennes sur vous et vous devriez y jeter un coup d'oeil à plusieurs reprises au cours de la journée.
- Cochez les activités au fur et à mesure que vous les réalisez.

VOTRE CARTE DE FOI

Vous devriez constamment porter sur vous votre carte de foi pour toujours y puiser la force dont vous avez besoin. Remplissez la carte de foi de la façon suivante:

- Inscrivez vos buts principaux dans les quatre secteurs de la planification.
- Inscrivez le prix que vous êtes prêt à payer pour y parvenir.
- Enumérez les choses dont vous êtes satisfaits.
- Inscrivez votre dernière réalisation importante.
- Inscrivez votre devise préférée.
- Inscrivez ensuite votre intérêt personnel.
- Relisez votre carte de foi trois fois par jour — le matin, le midi et le soir. Ceci aidera à programmer votre subconscient.
- Etablissez une carte de foi pour chacun des mois de l'année — et ayez-la toujours sur vous. Elle vous donnera le courage dont vous avez besoin.
- Vous pouvez commander des cartes de foi par écrit à la maison d'édition.

VOTRE TABLEAU DE VISUALISATION

«Si vous avez toujours vos buts devant les yeux, ils ne peuvent faire autrement que se concrétiser.»

- Un moyen sûr et simple de garder vos buts devant vous est de les inscrire sur un tableau de visualisation.
- Achetez une grande feuille de papier à dessin et collez des images de vos buts dessus.
- Placez-la là où vous pourrez la voir plusieurs fois par jour.
- Vous pouvez trouver des images en couleurs pour votre tableau dans les livres, les revues, etc.
- Grâce au tableau de visualisation, vos buts seront gravés de manière indélébile dans votre subconscient. C'est une autre façon de garder vos buts devant vous.

VOTRE DEVISE DE LA RÉUSSITE

- Inscrivez vos devises préférées sur votre tableau, sur des cartes, etc., et mettez-les là où vous les verrez souvent, tous les jours. Elles vous donneront l'inspiration requise.

VOICI LA PERSONNE QUE JE VEUX DEVENIR

QUELLE EST MA SITUATION ACTUELLE ?

SPIRITUELLE	Satisfaisante	Non satisfaisante

FINANCIÈRE	Satisfaisante	Non satisfaisante

INSTRUCTION	Satisfaisante	Non satisfaisante

LOISIRS	Satisfaisante	Non satisfaisante

MES BUTS SPIRITUELS

BUTS SUR UNE PÉRIODE D'UN AN

BUTS SUR UNE PÉRIODE DE CINQ ANS

BUTS À ATTEINDRE

À l'âge de ____________ Ou d'ici __________ans

MES BUTS FINANCIERS

BUTS SUR UNE PÉRIODE D'UN AN

BUTS SUR UNE PÉRIODE DE CINQ ANS

BUTS À ATTEINDRE

À l'âge de ____________ Ou d'ici __________ans

MES BUTS DANS LE DOMAINE DE L'INSTRUCTION

BUTS SUR UNE PÉRIODE D'UN AN

BUTS SUR UNE PÉRIODE DE CINQ ANS

BUTS À ATTEINDRE

À l'âge de ________ Ou d'ici ________ans

MES BUTS DANS LE DOMAINE DES LOISIRS

BUTS SUR UNE PÉRIODE D'UN AN

BUTS SUR UNE PÉRIODE DE CINQ ANS

BUTS À ATTEINDRE

À l'âge de __________ Ou d'ici __________ans

MON PROGRAMME D'ACTIVITÉS MENSUELLES   MOIS : ____________

MON PROGRAMME D'ACTIVITÉS MENSUELLES   MOIS : ____________

MON PROGRAMME D'ACTIVITÉS MENSUELLES MOIS: ______

MON PROGRAMME D'ACTIVITÉS MENSUELLES MOIS : ____________

MON PROGRAMME D'ACTIVITÉS MENSUELLES MOIS :______

MON PROGRAMME D'ACTIVITÉS MENSUELLES

MOIS : ____________________

MON PROGRAMME D'ACTIVITÉS MENSUELLES MOIS : ____________

MON PROGRAMME D'ACTIVITÉS MENSUELLES MOIS :____________

MON PROGRAMME D'ACTIVITÉS MENSUELLES   MOIS : ____________

MON PROGRAMME D'ACTIVITÉS MENSUELLES MOIS : ____________

MON PROGRAMME D'ACTIVITÉS MENSUELLES MOIS : ____________

MON PROGRAMME D'ACTIVITÉS MENSUELLES MOIS:________

Je refuse d'être quelqu'un d'ordinaire.
C'est mon droit d'être original —
si je le peux.
Je recherche l'opportunité, et non pas la sécurité.
Je ne veux pas être un citoyen irresponsable
humble et abêti du fait que l'état prend soin de moi.
Je veux prendre des risques calculés, rêver et
construire, échouer et réussir.
Je refuse de troquer mes encouragements contre
une aumône.
Je préfère les défis de la vie à une
existence garantie, l'excitation de la satisfaction
au calme usé de l'utopie.
Je n'échangerai pas la liberté contre la bienfaisance
ni la dignité contre des aumônes.
Mon héritage, c'est de penser et d'agir
seul, de jouir des avantages de ma création et
de faire face au monde avec audace et de dire :
« Avec l'aide de Dieu, ceci, c'est moi qui l'ai fait ! »

Bibliographie des lectures conseillées

Lire un livre par mois pendant 24 mois consécutifs pour votre programme personnel d'illumination planifiée.

ALLEN, Charles. *God's Psychiatry*. Old Tappan, New Jersey : Fleming H. Revell, 1953.

ALLEN, James. *L'homme est le reflet de ses pensées*. Saint-Hubert, Québec : Les éditions Un monde différent, 1978.

BLOODWORTH, Venice. *Key to Yourself*. Los Angeles : Scrivener & Co., 1975.

BRISTOL, Claude M. *La magie de croire*. Saint-Hubert, Québec : Les éditions Un monde différent, 1979.

CARNEGIE, Dale. *Comment se faire des amis*. Paris : Librairie générale française, 1973.

CLASON, George S. *L'homme le plus riche de Babylone*. Saint-Hubert, Québec : Les éditions Un monde différent, 1982.

CONWELL, Russell H. *La fortune à votre portée*. Saint-Hubert, Québec : Les éditions Un monde différent, 1978.

DEVOS, Richard M. *Croyez !* Saint-Hubert, Québec : Les éditions Un monde différent, 1983.

FROMM, Erich. *L'art d'aimer*. Paris : Éditions de l'Épi, 1968.

HILL, Napoleon. *Grow Rich With Peace of Mind*. New York : Hawthorn, 1967.
Réfléchissez et devenez riche. Montréal : Éditions de l'Homme, 1977.

JONES, Charles E. *La vie est magnifique*. Saint-Hubert, Québec : Les éditions Un monde différent, 1979.

MALTZ, Maxwell. *Psycho-Cybernetics*. New York : Pocket Books, 1970.
The Magic Power of Self-Image Psychology. Englewood Cliffs, New Jersey: Prentice-Hall, 1964.

MANDINO, Og. *Le plus grand vendeur du monde*. Boucherville, Québec : Éditions de Mortagne, 1983.

OTIS, George. *God, Money and You*. Van Nuys, Californie : Bible Voice, 1975.

SCHULLER, Robert H. *Pensez possibilités !* Saint-Hubert, Québec : Les éditions Un monde différent, 1985.
S'aimer soi-même. Saint-Hubert, Québec : Les éditions Un monde différent, 1979.

SCHWARTZ, David J. *La magie de voir grand*. Saint-Hubert, Québec : Les éditions Un monde différent, 1983.

STEERE, Daniel C. *I am — I Can*. Old Tappan, New Jersey : Fleming H. Revell, 1973.

WRIGHT, Norman. *Improving your Self-Image*. Irvine, Californie : Harvest House, 1977.

COLLECTION

MOTIVATION ÉPANOUISSEMENT PERSONNEL

CHEZ LE MÊME ÉDITEUR
dans la même collection:

Accomplissez des miracles, *Napoleon Hill*

Art de réussir (L'), *Brian Adams*

Atteindre votre plein potentiel, *Norman Vincent Peale*

Attitude d'un gagnant, *Denis Waitley*

Attitude fait toute la différence (L'), *Dutch Boling*

Bien vivre sa vie, *Denis Ouimet*

Cadeau le plus merveilleux au monde (Le), *Og Mandino*

Cercle des gagnants (Le), *Charles Paul Conn*

Clés pour l'action, *Serge Diotte*

Comment contrôler votre temps et votre vie, *Alan Lakein*

Comment se faire des amis facilement, *C.H. Teear*

Comment se fixer des buts et les atteindre, *Jack E. Addington*

Croyez!, *Richard M. DeVos*

Cycles du succès (Les), *Robert A. Schuller*

Développez habilement vos relations humaines, *Leslie T. Giblin*

Développez votre confiance et votre puissance avec les gens, *Leslie T. Giblin*

Devenez la personne que vous rêvez d'être, *Robert H. Schuller*

Devenez une personne extraordinaire dans un monde ordinaire, *Robert A. Schuller*

Devenir le meilleur, *Denis Waitley*

Dites oui à votre potentiel, *Skip Ross*

En route vers le succès, *Rosaire Desrosby*

Enthousiasme fait la différence (L'), *Norman V. Peale*

Étapes vers le sommet (Les), *Dave Grant*
Étoffe d'un gagnant (L'), *Dave Grant*
Fonceur (Le), *Peter B. Kyne*
Fortune en dormant (La), *Ben Sweetland*
Homme est le reflet de ses pensées (L'), *James Allen*
Homme le plus riche de Babylone (L'), *George S. Clason*
Homme miracle (L'), *Morris Goodman*
Homme qui voulait devenir millionnaire (L'), *Mark Fisher*
Lois du succès (Les) ensemble coffret, *Napoleon Hill*
Lois du succès (Les) tomes I, II, III, *Napoleon Hill*
Magie de croire (La), *Claude M. Bristol*
Magie de penser succès (La), *David J. Schwartz*
Magie de s'autodiriger (La), *David J. Schwartz*
Magie de vivre ses rêves (La), *David J. Schwartz*
Magie de voir grand (La), *David J. Schwartz*
Meilleure façon de vivre (Une), *Og Mandino*
Mémorandum de Dieu (Le), *Og Mandino*
Menez la parade!, *John Haggai*
Mission: Succès, *Og Mandino*
Parole d'honneur, *Charles P. Conn*
Parole est d'argent (La), *Ron Holland*
Pensée positive (La), *Norman V. Peale*
Pensez en gagnant!, *Walter Doyle Staples*
Pensez possibilités!, *Robert H. Schuller*
Performance maximum, *Zig Ziglar*
Personnalité plus, *Florence Littauer*
Plus grand miracle du monde (Le), *Og Mandino*
Plus grand secret du monde (Le), *Og Mandino*
Plus grand succès du monde (Le), *Og Mandino*
Plus grand vendeur du monde (Le) partie 2, suite et fin *Og Mandino*
Quand on veut, on peut!, *Norman Vincent Peale*
Réflexions sur la vie, *John F. Demartini*
Relations humaines, secret de la réussite (Les), *Elmer Wheeler*

Rendez-vous au sommet, *Zig Ziglar*
Retour du chiffonier (Le), *Og Mandino*
Rêve possible (Le), *Charles P. Conn*
S'aimer soi-même, *Robert H. Schuller*
Saisons du succès (Les), *Denis Waitley*
Se prendre en main, *Beverly Nadler*
Secrets de la confiance en soi (Les), *Robert Anthony*
Si j'avais su... *Aline Lévesque et éditions Un monde différent*
Succès d'après la méthode de Glenn Bland (Le), *Glenn Bland*
Succès n'a pas de fin, l'échec n'est pas la fin! (Le), *Robert H. Schuller*
Tout est possible, *Robert H. Schuller*
Triomphez de vos soucis, *Mary McClure et Robert L. Goulding*
Université du succès (L'), tomes I, II, III, *Og Mandino*
Vie de Dale Carnegie (La), *Giles Kemp et Edward Clafin*
Vie est magnifique (La), *Charlie T. Jones*
Vivez en première classe, *Kenneth Thurston Hurst*
Votre droit absolu à la richesse, *Joseph Murphy*
Votre force intérieure T.N.T., Claude M. Bristol et *Harol Sherman*
Votre passe-partout vers les richesses, *Napoleon Hill*
Votre plus grand pouvoir, *J. Martin Kohe*

Si vous désirez obtenir le catalogue de nos parutions,
écrivez-nous à l'adresse suivante:
Les éditions un monde différent ltée
3925, Grande-Allée
St-Hubert (Québec), Canada J4T 2V8
ou composez le (514) 656-2660

imprimerie gagné ltée

IMPRIMÉ AU CANADA